Der Eintopf hatte nicht immer ein leichtes Los. Zwar darf er wohl als klassische Zubereitungsart angesehen werden, doch gilt er als einfache Speise. Max Christian Graeff und Ina Lessing verhelfen ihm wieder zu Ehren und zeigen, wie variabel, lecker und einfallsreich Eintöpfe sein können. Eingebettet sind die »grenzenlos genießbaren« 80 Gerichte in eine unterhaltsame Reisefantasie, die der ›Reise um die Erde in 80 Tagen‹ von Jules Verne einige Beachtung zollt. Sie führt den Leser von Topf zu Topf, Land zu Land, bis er sich am Ende mit der Gewissheit, dass auch fremder Herd Goldes wert ist, am eigenen wiederfindet. Nebenbei verweisen die Autoren auf Zusammenhänge zwischen Zutaten und Kochgewohnheiten sowie auf Möglichkeiten zur eigenen Gestaltung klassischer Gerichte. Nicht das Gramm zählt, sondern das Gefühl, nicht die Pflicht, sondern die Laune, nicht das Können, sondern das Lernen. Denn wer vom Eintopf lernt, lernt von der Welt.

Max Christian Graeff, geboren 1962, lebt als Autor und Lektor in Berlin und Wuppertal.
Ina Lessing, Jahrgang 1967, studierte Philosophie, Psychologie und Pädagogik. Sie lebt in Wuppertal.

Max Christian Graeff
Ina Lessing

In 80 Töpfen um die Welt

Internationale Eintopfgerichte

Deutscher Taschenbuch Verlag

Von Max Christian Graeff sind
im Deutschen Taschenbuch Verlag erschienen:
Ex! Was die Nation erregte
(36115, gemeinsam mit Cristina Moles Kaupp)
Der verbotene Eros (20274)

Ein Projekt der Edition diá, Berlin

Originalausgabe
November 2000
© Deutscher Taschenbuch Verlag GmbH & Co. KG, München
www.dtv.de
Das Werk ist urheberrechtlich geschützt.
Sämtliche, auch auszugsweise Verwertungen bleiben vorbehalten.
Umschlagkonzept: Balk & Brumshagen
Umschlag, Gestaltung und Satz: Rainer Zenz, Berlin
Gesetzt aus der Minion 10/12 pt
Nach den Regeln der Rechtschreibreform
Druck und Bindung: C. H. Beck'sche Buchdruckerei, Nördlingen
Gedruckt auf säurefreiem, chlorfrei gebleichtem Papier
Printed in Germany · ISBN 3-423-36198-0

Inhalt

9 Was darf's denn sein?

11 Topf, die Wette gilt!
19 Eintöpfe aus Deutschland, Frankreich, der Schweiz, Spanien, Portugal, Irland, Schottland, England und den Niederlanden

45 Kochende soll man nicht aufhalten
19 Eintöpfe aus Osteuropa, vom Balkan, aus Ungarn, Österreich, Italien, Griechenland, Mauretanien, Ghana und der Türkei

73 Was man nicht im Topf hat ...
17 Eintöpfe aus Palästina, Israel, der Ukraine, Georgien, Persien, Indien, China, Thailand, Indonesien, Singapur, Vietnam und Japan

105 Mit dem Topf durch die Wand!
15 Eintöpfe aus Chile, Argentinien, Brasilien, Südamerika, Panama, Mexiko und Nordamerika

129 Zu viele Töpfe verderben den Brei
11 Eintöpfe aus Schweden, Finnland, von Saaremaa, aus Russland, Polen, Dänemark und Deutschland

150 Das Eintopfjahr
152 Glossar
158 Rezeptregister

Die Mengenangaben eines Eintopfgerichtes unterscheiden sich grundsätzlich von denen der Nouvelle Cuisine. In diesem Kochbuch wird nicht mit der Briefwaage gemessen; die Angaben sind Richtwerte und nach eigener Vorliebe und Erfahrung veränderbar. Die Gerichte sind in der Regel für vier Personen angelegt, die jedoch ruhig hungrig sein dürfen. Das heißt, sollten sich Ihre Nachbarn vom Duft aus Ihrer Küche angezogen fühlen und zufällig zu einem spontanen Besuch erscheinen, weisen Sie ihnen nicht die Tür. Ein Eintopf lässt sich mit wenigen Umständen entsprechend verlängern.

In den Rezepten dieses Buches mögen die Mengen des verwendeten Fleisches manchen Leser erstaunen. Auch diesbezüglich sei darauf hingewiesen, dass sich jeder Eintopf auf den persönlichen Geschmack einstellen lässt. Viele der Gerichte funktionieren mit ein paar Änderungen auch mit weniger oder sogar ganz ohne Fleisch.

Was darf's denn sein?

»Teltower Rübchen?«, fragte Frau Kallenbach konsterniert und fuhr sich kurz mit ihren Fingern durchs graukrause Haar, was sie wirklich selten tat. Dann blickte sie uns energisch in die Augen und zischte: »Haben wir nicht. Kriegen wir auch nicht. Ich möcht sagen: Teltower Rübchen, die wollen wir hier nicht.«

Gute dreieinhalb Stunden lang hatte sie uns nun auf das Zuvorkommendste bedient, hatte alle unsere Wünsche mit klassischer einzelhändlerischer Souveränität zu erfüllen gewusst, vom Couscous bis zum Angeldorsch, vom Topinambur und den recht seltenen Morcillas und Luganegas bis zu den Taros, Biber dolmas, Shiitakes und Konnyakus. Die 350 Gramm Chili hatte sie uns genauso regungslos eingepackt wie die sieben Kilo Schnittpetersilie, die Aale, das Wildschweingulasch, den Fasan und das gut durchwachsene Stück vom Elch; nur als sie die je zwei grünen, geräucherten und gesalzenen Heringe zu den geflämmten Schweinsfüßen legte, hatte sie fast unmerklich den Kopf geschüttelt.

Am Ausgang stapelte sich die von uns erstandene Ware: 22,5 Pfund fest und knapp 24 Pfund mehlig kochende Kartoffeln, diverse Kürbisse, Rettiche und Melonen, Ingwer, Mais und Bambussprossen, Knollen-, Bleichsellerie, Säcke voll weißer, brauner, roter Bohnen und Linsen, Hirse und Graupen, eine Schüssel Hühnertalg, ein Fass Rinderbrühe, große Büschel Liebstöckel und Kerbel, Stielmus, Nierenfett und Kandelnuss, ein bunt schillerndes Universum der für unser Vorhaben unentbehrlichsten Zutaten. Über allem thronte der von Frau

Kallenbach mit einem so kurzen wie lässigen Lächeln hinter der Theke hervorgezauberte zweipfündige Taschenkrebs und knabberte, wenn niemand hinsah, an der Kilotüte mit den Safranfäden. Es wäre also ein friedlicher, erfolgreicher Einkauf geworden, hätten nicht als Letztes noch diese Rübchen, Teltower Rübchen, auf unserem Zettel gestanden. Wir schauten uns ratlos an. Zwei Stück hätten wir gebraucht, lächerliche zwei der kleinen hellbraunen, würzig-süßen, in den brandenburgischen Sandböden zufrieden aufgewachsenen Delikatessrübchen. Nichts zu machen. Es würde ohne sie gehen müssen. Zur Not geht es immer ohne. Zumindest ohne Teltower Rübchen ...

Topf, die Wette gilt!

19 Eintöpfe aus Deutschland, Frankreich, der Schweiz,
Spanien, Portugal, Irland, Schottland, England
und den Niederlanden

Wie hatte all das begonnen? Vorgestern, am 2. Oktober, um 11.29 Uhr morgens klingelte das Telefon – auf die Minute genau 128 Jahre nach der Einstellung des Kammerdieners Jean Passepartout in die Dienste des Phileas Fogg Esq. Der war eines der seltsamsten und zugleich prominentesten Mitglieder des Reform-Clubs von London.

Ein Anruf, nicht aus der Vergangenheit (das Telefon war damals, oh herrliche Zeiten, noch nicht entdeckt), sondern aus verzweifelter Gegenwart: Theodor W. Schärer, Präsident der ITAB, International Trend Art Bank of Lucerne, meldete sich mit splitternder Stimme. Es dauerte eine Weile, bis ich zu begreifen begann, worum es ging. Die ITAB, ein weltweit tätiges Konsortium einflussreicher Finanzinstitute, hatte mir die Aufgabe der zentralen Revision übertragen – ein von Grund auf zweckloses Unterfangen, das mich deshalb bisher auch nicht weiter belastet hatte. Doch mit der Ruhe schien es nun vorbei zu sein. Am kommenden Wochenende stand die Generalversammlung aller Direktoriumsmitglieder ins Haus. Etwa 350 hoch bezahlte Nichtsnutze, Lumpen und Taugenichtse aus aller Welt waren nach Wuppertal eingeladen, in die kleine Stadt am schwärzesten Fluss unseres Planeten. Von dort aus sollten sie die globalen wirtschaftlichen Zeitläufte der kommenden Jahre entscheidend zu beeinflussen versuchen. Verköstigt werden sollten sie so einfach wie erlesen. Und, kaum wollte ich glauben, was unser Präsident mir stockend berichtete: Die einzigartige Sammlung sämtlicher (ungelogen: sämtlicher) Ölsardinensorten aller Herren Länder, etwa 3 500 Dosen – denn vorgesehen war eine Degustation von zehn ausgelosten Sorten pro Person –, war drei Tage zuvor auf unerklärliche Weise aus dem Schalterraum unseres Hauptkassierers in der Luzerner Zentrale, Zürichstrasse 1, erster Stock, verschwunden. Auf die Stunde genau 128 Jahre nach dem mysteriösen Diebstahl jener 55 000 Pfund Sterling aus der Bank of England. Auf die Stunde genau 128 Jahre nach dem Coup, der von Phileas Fogg im Londoner Reform-Club so heftig wie folgenreich diskutiert worden war – eine weitere, zugegebenermaßen nicht unbedenkliche Übereinstimmung der nackten Wahrheit mit Jules Vernes zur Legende gewordenen Fiktion.

Die Milch soll mir anbrennen bis ans Ende meiner Tage, wenn nicht alles genau so geschah, wie es hier geschrieben steht. Mit der Erzählung von der ›Reise um die Erde in 80 Tagen‹ des ehrwürdigen Visionärs und Romanciers hat dieser Bericht nur am Rande zu tun, auch wenn einige kleine Begebenheiten das Gegenteil belegen.

Was also war zu tun? Die Sicherheitsabteilung hatte unverzüglich die nötigen Schritte zur Rückgewinnung des kostbaren Gutes eingeleitet. Doch die bankeigenen Terminatoren waren selbstverständlich mit dem Detektiv Fix des Romans nicht im Geringsten zu vergleichen. Wie sollten wir nun die aus aller Welt herbeigereiste ausgehungerte Direktorenmeute einigermaßen zufrieden stellen? Die verwöhnten Herren Kollegen forderten von uns nicht nur Exklusivität und Variantenreichtum, sondern auch eine moderate, eben branchenübliche Überreizung ihrer rein quantitativen Aufnahmekapazitäten.

Direktor Schärer und ich überlegten kreuz und quer sämtliche Möglichkeiten, entwarfen telefonbuchstarke Wildmenükarten und landebahnlange Salatbuffets, alpenseetiefe Consommébrunnen und doppelhaushälftengroße Dessertgebäude, doch selbst für unser bestens organisiertes Institut zeigten sich schnell die Grenzen des Machbaren. Schließlich landeten wir im provokant-erlebnisorientierten Trendfoodsektor, bei Cremes, Pasten und Tütensuppen. Spontan zitierte ich eine bestechend formulierte Botschaft aus einer vorjährigen Pressemeldung des Deutschen Suppeninstituts: »Der klassische Luxuskonsum ist einer subtileren Form der Exklusivität gewichen: Die Suppe erfüllt den Anspruch einer ›neuen Bodenständigkeit‹. Die Suppe verkörpert perfekt den Zeitgeist einer komplexen, globalisierten

Multioptionsgesellschaft. Sie ist kulinarisches Abbild einer immer undurchschaubareren, aber dennoch in ihrem Gesamtbild faszinierenden Welt.«

Schweigen am anderen Ende der Leitung.
»Theo?«
Stille.
»Nun sag doch was ...«
»Ihr Deutschen ...«
»Ja bitte?«
»Ihr wart schon immer ganz schön pervers!«

Ehe wir uns versahen, steckten wir bis über die Köpfe in einem Disput, der lange vernarbt geglaubte Wunden wieder aufriss. Folglich begann der Dialog auch auf der Stelle ins Irrationale zu gleiten: »Soso. Und eure selbstmitleidige Brösmeliplörre, ist die denn besser? Zwei Löffel Paniermehl in drei Liter Wasser einstreuen, jodeln, salzen und ran an den Feind – da waren ja die Spartaner mit ihrer Blutsuppe besser bedient!«

So kamen wir nicht weiter, das merkten wir rasch. Die ernährungssoziologischen Problemzonen unserer Länder schienen gleichermaßen reichlich vorhanden zu sein. Eine Weile fochten wir noch um Sonntagsritualbreie und Kurze-Arbeitspausen-Zweckmahlzeiten, um Gulaschkanonen und Henkelmänner und um die Auslegung der in einem Topf zubereiteten Massenspeisungen als Ausdruck von Heim und Herd, Hof und Scholle, von Vergangenheitsbeschwörung oder Zukunftsverheißung.

Wir hatten uns so heiß geredet, dass wir nicht merkten, dass die Lösung unseres Problems längst vor uns lag. Im gesamten Einflussbereich der modernen Welt mit ihren Nouvelles Cuisines und Produktpaletten knuspriger Functional-Food-Single-Snacks schien das Kochen einer kompletten Mahlzeit in einem einzigen Topf unter vergleichbaren Vorurteilen zu leiden: Ehemals effektiver Proteinlieferant und Rettungsanker für kalte Tage, soziales Bindeglied und Allheilmittel für eine Vielzahl persönlicher wie gesellschaftlicher Sorgen, erfuhr der Eintopf eine ungerechtfertigte Politisierung und danach die dünkelhafte Verurteilung als Ausdruck von Mangelernährung und geschmacklicher Unterentwicklung.

Aber was für ein internationaleres, aufregenderes und letztendlich auch politisch korrekteres Mahl konnten wir finden, wenn nicht ihn? Und während Theodor in seiner ganzen direktoralen Erfahrung noch eine gewisse Skepsis walten ließ, wagte ich mich leichtfertig vor.

»Der mittlere Familientopf fasst etwa das Volumen, das vier bis fünf unserer nimmersatten Gäste mit Leichtigkeit verschlingen werden. Wir brauchen also eine Gesamtmenge von 80 Einheiten. Natürlich verschiedene, was wir der Internationalität unseres Institutes schuldig sind. Bei einer durchschnittlichen Zubereitungszeit von eineinhalb Stunden brauchen wir zu zweit unter Berücksichtigung der obligaten Nebenarbeiten etwa vier Tage und drei Nächte. Ich würde meinen Topf darauf verwetten, dass das zu machen ist.«

Aus dem Hörer kam meines Direktors glockenhelles Lachen, was mich jedoch nicht mehr sonderlich beirren konnte: »Eine Reise um die Welt in 80 Töpfen. Gekocht auf jeweils einer Flamme oder im Ofen in einem Behälter, dessen Deckel gegebenenfalls mitbenutzt werden darf.«

»Das kannst du dir aus dem Topf schlagen. Das schaffst du nie. Ich setze vier Gebinde Surströmming vom vorvergangenen Jahr.«

»Ich halte dagegen, mit 20 Pfund Dorschleber vom feinsten.«

»Topf, die Wette gilt!«

Es war 20.45 Uhr, auf die Sekunde genau 128 Jahre nachdem ein Zug der South-Eastern Railways den Bahnhof Charing Cross Richtung Dover verließ.

Nun werden Sie sich vielleicht etwas wundern, warum unsere Generalversammlung ausgerechnet in Wuppertal stattfinden soll. Diesem merkwürdigen, vollkommen unverständlichen Stadtgewächs in der regenreichsten Region des Landes. Die Verklumpung eines knappen Dutzends nicht unbedeutender Kleinstädte zu einer unbedeutenden Nicht-Kleinstadt stellt alles andere als ein internationales Offshore-Zentrum dar und steht höchstens noch für ein schnell rostendes und nur noch schwer zu versicherndes Nahverkehrsmittel, die Schwebebahn, sowie für die Erfindungen des Aspirins, des Heroins und des Lumbeck-Verfahrens, der Buch-Klebebindung, von deren globaler Bedeutung der Buchbinder Emil Lumbeck nichts ahnen konnte, als ihm in seiner kleinen Werkstatt einst das Knochenleimgebinde umkippte und sich über die Auflage des ersten gemeinsamen ›Elberfeld-Barmer-Kleinsektenführers‹ ergoss. Doch das war für unsere Entscheidung ohne Belang; eher ging es um die Herausforderung, den Beweis führen zu können, dass, wenn die Welt zum Dorf geworden ist, ein Dorf zur Welt werden kann.

Die Wolken hingen auf Bordsteinhöhe – ein auch im London des 19. Jahrhunderts schon lange recht bekanntes Phänomen –, als ich am Tag danach, am 3. Oktober, meiner alten Küchenfreundin Ina von dem Stand der Dinge berichtete. Ihr liefen unverzüglich alle Kochplatten heiß angesichts der kaum lösbaren Aufgabe. Zur gleichen Zeit wurde im Luzerner Vorort Kriens, im Konferenzsaal des renommierten Hotels Harmonie, der Krisenstab unserer zentralen Verwaltung zusammen- und eine Standleitung in meine Barmer Ersatzküche hergestellt. Genau 24 Stunden Zeit hatten wir für die Ausarbeitung unseres Plans.

Die gute Ina begann sogleich mit der Inspektion meines Haushalts. Ihre Augen glitten an den Regalbrettern entlang, zuckten, verdrehten sich und stolperten über all jene Unentbehrlichkeiten, die sich dort angesammelt hatten, glitten aus auf dem ausgelaufenen Ahornsirup im zweiten Stock und schlurften durch den Staub gewisser lange nicht in Anspruch genommener dunkler Winkel. Sie stöhnte leise.

»Zeige mir deine Töpfe und ich sage dir, wer du bist!«

»Okay, vergessen wir's.«

Diese drei lakonisch-magischen Worte trafen ins Schwarze. Nicht mehr das Volumen meiner Wette schien sie fortan besonders herauszufordern, sondern vielmehr die rudimentären Bedingungen, die in meiner Cowboyküche herrschten. Shakespeares ›King Lear‹ schien ihr gerade angemessen dafür zu sein: »Sprecht nicht, was nötig ist; der schlecht'ste Bettler hat noch ein ärmstes Ding zum Überfluss. Gebt der Natur nur, was sie braucht, so sind sich Tier- und Menschenleben gleich ... – Oh, *Pichelsteiner*!«

Zielstrebig griff sie zu der ältesten Dose im Regal, zu meiner eisernsten Ration. Die Herstellerfirma dieses klassischen Problemmüll-Entsorgungsgerichtes war bereits vor Jahren von der Staatsanwaltschaft liquidiert worden.

»Über den *Pichelsteiner* wird fast so etwas wie ein Gelehrtenstreit geführt«, begann sie zu referieren. »Vor seiner flächendeckenden Einführung galt er als Berliner Spezialität. Etymologisch dürfte er hingegen auf das bayrische Büchelstein zurückzuführen sein. Für seine urbane Entwicklung spricht hingegen die gemischte Verwendung von Rind, Schwein und Hammel, manchmal auch Kalb, da sich die Variationen jener Tiere in ländlichen Regionen Deutschlands seltener durchzusetzen vermochten.«

»Aha ...«

»Damit fangen wir an. Danach kommt was von hier. Ich würde vorschlagen, ein *Schlodderkappes*, denn damit präsentieren wir den Kohl und vor allem die Kartoffel als maßgebliche Stütze der fortgeschrittenen Industrialisierung im Ruhrgebiet, wo der jährliche Pro-Kopf-Verbrauch um 1900 in etwa bei 700 Kilo gelegen haben dürfte.«

»...«

»Und anschließend nehmen wir *Gestuvte Linsen*, dieses glühende Magma aus dem Innersten unserer Region, den Stoff, aus dem die unverwüstlichen Fundamente unserer weltbekannten Fabrikanlagen ...«

»Einweichen oder nicht?«

»Wie bitte?«

»Die Linsen, über Nacht?«

Schlagartig war mir klar geworden, dass die Wette mit einer solchen Küchenchefin tatsächlich zu gewinnen war – wenn wir uns auf das Wesentlichste beschränkten. Doch das schien bei diesem Thema nicht allzu leicht zu werden.

»Tja, eine gute Frage. Wolfram Siebeck meint, das Einweichen von Erbsen, Bohnen und Linsen sei ein überkommenes Ritual aus jener Zeit, als die Hülsenfrüchte noch als jahrealte Lagerware zum Einsatz kamen. Heute genüge es vollkommen, sie in kaltem Wasser aufzusetzen, kurz und heftig aufzukochen, abzugießen, kalt abzuschrecken und abermals in kaltem Wasser auf den Herd zu setzen. Etwa eine Stunde Kochzeit reichten hernach völlig aus. Zwei-Sterne-Koch Johann Lafer hingegen bestreitet das vehement und will auf die Prozedur des Einweichens keinesfalls verzichten.«

»Und deine Mutter?«

»Meine weicht ein.«

»Meine kocht.«

Eine Menge Fragen kamen da auf uns zu. Mit dem Eintopf verhält es sich genauso wie mit dem Leben an sich: Nach einer einzigen Wahrheit zu suchen ist ein vergebliches Unterfangen. Und auch das stand in einem Zusammenhang, kam doch das Wort Topf nicht nur von dem altenglischen ›dyppan‹, was ›eintauchen‹ hieß, sondern war bereits im 12. Jahrhundert der mittelhochdeutsche Ausdruck für Kreisel, abgeleitet vom altfranzösischen ›topet‹, das seinerseits vom germanischen ›topp‹ abstammte, was so viel bedeutete wie ›Spitze‹. Die Welt stand Topf. Das sollte noch jemand begreifen ...

Doch heutzutage – und vor allem in unserer Angelegenheit – spielt Geradlinigkeit keine besondere Rolle. Wir breiteten also die Weltkarte auf dem Küchentisch aus und begannen nach der günstigsten Route unserer Reise zu suchen. Phileas Fogg hatte es sich einfach gemacht, indem er von Dover aus über Mont-Cenis und Brindisi direkt in den Vorderen Orient abgedampft war.

Wir dagegen hatten bei drei Gerichten bereits ein gravierendes Problem. Ein Großteil unserer Weltreise würde durch das kleine Europa führen, hin- und herzuckeln zwischen den Ländern, die allesamt in ihrer Verschiedenheit von sich behaupten, den kulturellen Zustand unserer Welt entscheidend geprägt zu haben. Und schon an der deutschen Grenze fingen unsere Kalamitäten an: In welche Richtung sollten wir unsere vereinnahmende Reise beginnen, ohne bei den Direktoren der ITAB allzu großes politisches Ungemach hervorzurufen? Wir entschieden uns für das Elsass, denn allein dort gab es noch keine Filiale. Und nach all der schweren Kost würden die *Schnitzen*, ein Topf mit geschmortem Trockenobst, unserem Magen nicht schaden. Von dort aus ging es hinüber in die Schweiz, in der wir uns für einen von der hoch verehrten, dem ITAB-Rekreationspark direkt gegenüber wohnenden Marianne Kaltenbach höchstpersönlich entlehnten *Kastanieneintopf* sowie für das berüchtigte *Biräschtunggis* entschieden, ein uriges Püree aus Birnen und Kartoffeln, durchaus verwandt mit erwähntem elsässischen Gericht. Es ging uns nicht darum, Ähnlichkeiten zwischen den Töpfen zu vermeiden, sondern diese mit ihren detaillierten Eigenarten völkerverbindend zu behaupten.

Frankreich lag nun nah, mit seiner überreichen Tradition an hoch entwickelten, ausgefeilten aromatischen Töpfen, die hier nicht so sehr der alltäglichen Sättigung dienen als vielmehr der kulinarischen Feier in großer Runde, einer Feier des Zutatenreichtums; einer Feier der Sinne als Ergebnis einer etwas komplizierteren, feinfühligeren Zubereitung. Die *Ratatouille* bindet frische Waldpilze in den Gemüsereigen ein; das *Wildschweinragout* aus dem Norden des Landes kombiniert den würzigen Wildgeschmack mit Wurzelgemüsen und dem intensiven Aroma eines Gerichts, das in geschlossenem Behälter über Stunden im Ofen gart.

Die *Bouillabaisse*, die uns anschließend mit großer Erwartung rasant an die Südküste reisen ließ, gilt in jeder ihrer unzähligen Variationen als Königin unter den Fischtöpfen. Ein genaues Rezept für sie zu finden ist nicht möglich. Ein Schritt, der ihr auch den Namen gab, ist jedoch obligatorisch: das abschließende sanfte Kühlen des hochgekochten Gerichts durch ein gutes Glas Wein: ›bouillir‹ heißt ›kochen‹ und ›abaisser‹ ›sinken‹ bzw. ›die Hitze reduzieren‹. Auch beim Würzen lehrt die *Bouillabaisse* den Anfänger, erhobenen Hauptes Fehler einzugestehen und das gewisse Gefühl zu entwickeln, das zwischen Systematik und Improvisation liegt. Letztendlich zählt der Mut zur Entscheidung für Kombinationen, die nicht gegeneinander arbeiten, und zum richtigen Maß.

Für die Zubereitung sämtlicher Eintöpfe der Welt gilt, nicht mit homöopathischen Mengen zu arbeiten. Denn das Wirken des unendlich Kleinen zählt hier nicht. Was den Fisch angeht, dessen Auswahl das wohl strengste Geheimnis jedes *Bouillabaisse*-Anhängers ist, so lässt sich alles verwenden, was vor Ort zu haben ist. Das hält sich in Wuppertal natürlich in Grenzen, doch sollte man sich darüber nicht zu sehr den Topf zerbrechen.

Von Frankreich aus hüpften wir nach Spanien, das Land, dem – außer bei der Paella – beim Eintopf ein Topf nicht reicht. Traditionell üblich sind zwei Hauptgänge. Wir wählten *Patatas meneadas*, eine salamancische Version des Kartoffelpürees, sowie den *Puchero Canario*, einen süßlich-deftigen Topf, dessen Zutaten zum Teil beim Kochen komplett verschwinden, im Geschmack jedoch auf wundersame Weise wieder auferstehen.

In Spanien trafen wir auf einen Urahnen unzähliger europäischer

Eintöpfe: die Adafina, ein Gericht spanischer Juden aus dem späten Mittelalter. Es wurde am Freitagnachmittag vorbereitet und die ganze Nacht zum Samstag hindurch im Ofen oder auf kleiner Flamme gekocht. So konnte am Sabbat ein unvergleichlich reiches, köstliches Familiengericht aufgetischt werden, ohne das Verbot der Arbeit zu brechen. Diese Tradition findet sich in sämtlichen Ländern, in denen Menschen jüdischen Glaubens leben. Naturgemäß entwickelte sie sich in einer Vielzahl landes- und regionstypischer Varianten. Ihre Eigenarten finden sich ebenfalls in vielen nichtjüdischen Gerichten wieder, die auch Zutaten wie etwa Schweinefleisch enthalten, die im Judentum nicht zugelassen sind. Doch ganz gleich, ob auf sephardische (süd-/westjüdisch), aschkenasische (ostjüdisch), überseeische oder nichtjüdische Art: Der *Tscholent*, wie eine heute vielerorts geläufige Bezeichnung des Gerichtes lautet, ist eine der Hauptsäulen globaler Eintopfkultur. In Portugal bereitet man ihn – wie auch in Osteuropa – zusammen mit einem schweren Kloß aus Fetten und Zerealien, der auf dem Gericht ruhend gart, zu. Kennen wir unsere hiesigen Klöße als fettbindende, aufsaugende Beilage, dient der Kloß oder Kneidl dort dazu, sein reichliches Fett im Verlauf der Stunden langsam und gleichmäßig an das Gericht abzugeben.

Erschöpft sprangen Ina und ich kurzerhand in den Atlantik und ließen uns willenlos treiben, bis wir in den Kanarenstrom gerieten, der uns ohne zu fragen an den von Westen hereinbrechenden Golfstrom übergab, von dem wir Richtung Norden gespült wurden. Unser Versuch, die britische Küste zu erreichen, wurde von den haushohen Wellenbergen vor den Scilly Islands kurzerhand zunichte gemacht. Den Sankt-Georgs-Kanal hoch spülten die Wasser uns kurz darauf an die Südküste Irlands, wo wir uns spontan zur Aufnahme des Klassikers *Irish Stew* entschlossen.

Kartoffelgerichte sind aus der Inselküche nicht wegzudenken, fand die Knolle hier doch schon im Jahr 1588, kurz nach ihrer Einwanderung, ihren Platz in ähnlichen Vegetationsbedingungen wie in ihrer südamerikanischen Heimat. Schnell entwickelte sie sich zum Hauptnahrungsmittel der ärmeren Bevölkerung und breitete sich nach England und Schottland aus. Erst eine grassierende Kraut- und

Knollenfäule zur Mitte des 19. Jahrhunderts bremste mit jahrelangen Ernteausfällen diese Entwicklung und brachte eine bis heute im Ruf Irlands als eines der Armenhäuser Europas nachwirkende Not. Beim köstlichen *Stew* ist dieser Umstand keinesfalls mehr nachzuvollziehen. Vom Nordzipfel der Grünen Insel aus ging's hinüber nach Schottland, welches allein schon wegen seiner eleganten Eintopfnamensfindung keinesfalls ausgelassen werden sollte.

»*Rumbledethumps!*«, rief Ina in den Raum hinein und meinte damit nicht das Milchkännchen, welches vor Schreck aus dem Regal in die Gewürze polterte, sondern ein preiswert-raffiniertes Ofengericht.

»*Scotch Hotchpotch!*«, entfuhr es mir. Was man jedoch nicht sagen sollte, wenn man gerade den Mund voll hat. Ich wischte errötend die Karte trocken und lenkte schnell mit anderen kulinarischen Errungenschaften des Empire ab.

Für *Stovies* entschieden wir uns aufgrund seiner bestechenden Einfachheit und das *Kedgeree* rückte aus didaktischen Gründen in den Vordergrund. Auch als Kadgeri, Kitscheri oder Cadgery bekannt, wird es oftmals als indisches Gericht bezeichnet. Dies ist es jedoch nur in dem Maße, wie man die britischen Kolonialherren selbst als Inder bezeichnen wollte. Das eigentliche *Cadgery* ist ein ostindisches Fischragout, das mit dem britischen Linsengericht nicht viel gemein hat. Es wirft jedoch ein bezeichnendes Licht auf die Beeinflussung der kulinarischen durch die politisch-historische Weltkarte.

Endlich war es nur noch ein guter halber Zentimeter bis zu unseren Nachbarn, den Niederländern, bei denen wir zwei Kartoffelgerichte auswählten, die auf den ersten Blick nichts Besonderes darstellen und doch durch ihre Eigenarten und Einfachheit bestechen. Der *Hutspot* ist die holländische Variante eines auf vielen Kontinenten zu findenden Möhrengerichtes und der *Endiviestampott* zeigt die ganze Raffinesse des mitteleuropäischen Küchenalltags.

Pichelsteiner Topf
Deutschland

750 g durchwachsenes Rind-, Schweine- und Hammelfleisch
100 g durchwachsener Bauchspeck
500 g Kartoffeln
250 g Möhren
250 g Knollensellerie
250 g Porree
250 g Weißkohl
250 g Wirsing
250 g Petersilienwurzel
3 Zwiebeln
50 g Rindermark
Pfeffer und Salz
1 TL Kümmel
3 Lorbeerblätter
½-1 l Rinderbrühe
1 EL Essig
gehackter frischer Majoran
gehackte Schnittpetersilie

Das Fleisch in nicht zu große Würfel schneiden, den Speck und sämtliche Gemüse ebenfalls würfeln. Die Zwiebeln in halbe Ringe schneiden. Das Gemüse miteinander vermischen. Eine große Kasserolle mit Rindermark und Speck auslegen. Nacheinander Rindfleisch, Gemüse, Schweinefleisch, Gemüse, Hammelfleisch und erneut Gemüse hineinschichten. Jede Lage Fleisch mit Salz, Pfeffer, Kümmel und einem Lorbeerblatt würzen. Mit Brühe und Essig bis etwa zur Hälfte der Zutaten angießen. Die Kasserolle gut verschließen, der Deckel sollte dicht sein, gegebenenfalls beschweren (nicht beim Hersteller, sondern den Deckel!). Bei mittlerer Hitze etwa 1½ Std. kochen.
10 Min. vor Ende der Kochzeit Majoran und Schnittpetersilie darüber geben.
Ein kräftiges Sauerteigbrot muss von der Mächtigkeit der Mahlzeit her nicht sein, passt aber gut. Dazu trinkt man Bier.

Schlodderkappes
Deutschland: Ein Rheintopf

700 g Schweinefleisch
1 kg Kartoffeln
1 kg Weißkohl
Salz
weißer Pfeffer
¾ l Brühe
½ TL Kümmel
2 EL gehackte getrocknete Sellerieblätter

Schweinefleisch in Würfel schneiden, Kartoffeln schälen und ebenfalls würfeln. Die Kohlblätter kurz mit kochendem Wasser überbrühen. Kartoffeln, Kohlblätter und Fleisch in eine Kasserolle schichten, jede Lage salzen und pfeffern. Mit der Brühe aufgießen, den Kümmel zugeben und zugedeckt 60 Min. kochen.
Kurz vor dem Ende der Kochzeit die Sellerieblätter zugeben.

Gestuvte Linsen
Deutschland

am Vortag beginnen

300 g Linsen
1 ¼ l Brühe oder Wasser
100-150 g Möhren
100-150 g Porree
200 g Kartoffeln
230 g durchwachsener Speck
1 TL Zucker
3-4 EL Essig
Pfeffer und Salz
30 g Schmalz oder Fett
1 gehackte große Zwiebel

Die Linsen über Nacht in einem tiefen Topf in Brühe oder einer Mischung aus Wasser und Brühe einweichen.
Am nächsten Tag die Möhren in halbe Scheiben und den Porree in halbe Ringe schneiden, die Kartoffeln schälen und würfeln. 30 g Speck in feine Würfel schneiden; den Rest nach Belieben zurichten, er kann auch am Stück bleiben. Möhren, Porree und Kartoffeln mit dem Großteil des Specks zu den Linsen in den Topf geben und etwa 30 Min. kochen, bis die Linsen weich sind.
Zucker und Essig unterrühren, mit Pfeffer und Salz abschmecken. Das Schmalz erhitzen, Zwiebel und Speckwürfel darin rösten und über die Linsen geben.
Den Essig kann man auch separat reichen, damit sich jeder bei Tisch nach Belieben davon nimmt. Ein kräftiges Graubrot vom Lande ist zu diesem Gericht nahezu unerlässlich.

Schnitzen
Frankreich: Ein Obsttopf aus dem Elsass

am Vortag beginnen

100 g getrocknete Äpfel
100 g getrocknete Birnen
500 g Kartoffeln (fest kochend)
200 g frischer durchwachsener Speck
50 g Zucker
¼ l Weißwein
Salz
schwarzer Pfeffer

Das Trockenobst über Nacht in Wasser einweichen.
Am nächsten Tag die Kartoffeln schälen und vierteln, den Speck in Scheiben schneiden. In einem Topf den Zucker mit 2 EL Wasser erhitzen, bis er sich auflöst. Weiterköcheln, bis die Mischung goldbraun ist. Wenn sie zu fest wird, mit wenig heißem Wasser verdünnen.
Den Topf vom Herd nehmen, abgetropfte Äpfel und Birnen hineingeben und sorgfältig umrühren. Das Obst herausnehmen und den Wein angießen, um den Karamell vom Topfboden zu lösen. Den Speck hineinlegen und mit dem Obst bedecken. Zugedeckt gut 30 Min. simmern.
Die Kartoffeln zufügen, salzen, pfeffern und alles zugedeckt weitere 30 Min. köcheln. Falls das Gericht zu trocken wird, weiteren Wein zugießen.
Mit Pfeffer und Salz abschmecken.
Gerne wird das Trockenobst auch statt in Wasser in Wein eingeweicht, der anschließend zum Verkochen verwendet werden kann.

Biräschtunggis
Schweiz: Püree aus dem Kanton Uri

Der meistens auch *Schnitz* genannte Eintopf mit frischen oder getrockneten Obstschnitzen existiert in vielen Varianten; jeder Kanton, jeder Ort hat darin seine Eigenart. Meist werden Äpfel statt Birnen verwendet und ein paar Scheiben magerer Räucherspeck mitgegart; manchmal wird das Gericht mit Mehl und Sahne angedickt oder mit Knoblauch, Nelken oder Majoran gewürzt; oft wird ausgesottene Kochbutter verwendet, die sich unbeschadet hoch erhitzen lässt.

6 große Kartoffeln
4 große Birnen
2-3 Zwiebeln
2 EL Butter
2 EL Zucker
Salz

Kartoffeln schälen und in Würfel schneiden. Die Birnen schälen, vierteln und entkernen. Die Zwiebeln in Ringe schneiden.
In einem Bräter Butter zerlassen und die Zwiebelringe darin leicht bräunen. Herausnehmen und zur Seite stellen.
Nun den Zucker im Bräter hellgelb rösten, die Birnenstücke hineingeben und mehrmals darin wenden. Kartoffeln und wenig Salz zugeben. Die Zutaten knapp mit Wasser bedecken und etwa 30 Min. kochen.
Das Wasser abgießen und alles mit einem Stampfer grob pürieren. Vor dem Servieren die gebratenen Zwiebeln darüber geben.

Ratatouille
Frankreich: Ein provencalischer Gemüsetopf

3 Auberginen
3 Zucchini
3 Paprika (rot, gelb und grün)
1 Gemüsezwiebel
500 g reife Tomaten
Olivenöl
3 fein gehackte Zwiebeln
¼ l Weißwein
schwarzer Pfeffer
1 TL Salz
1 Bouquet garni (6 Thymianzweige, 5 große Blätter Basilikum, 4 Petersilienstängel, 3 Lorbeerblätter, 2 Rosmarinzweige, 1 kleine Stange Sellerie)
2 gehackte Knoblauchzehen
300 g aromatische Pilze (keine Treibhauschampignons)
geriebene Muskatnuss
nach Geschmack: Tomatensaft

Die Auberginen in halbe Scheiben schneiden und salzen, um die Bitterstoffe zu neutralisieren. Die ungeschälten Zucchini in Stifte oder Würfel schneiden. Die Paprika halbieren und entkernen, das weiße Fruchtfleisch entfernen, die Schote fein hacken. Die Zwiebel halbieren und in Längsstreifen schneiden. Die Tomaten häuten und klein schneiden. Die Gemüse sollten nicht zu kleinteilig zugerichtet werden.

In einer Kasserolle 3 EL Öl erhitzen und die Zwiebeln darin goldbraun anbraten. Mit Tomatenwürfeln und 100 ml Wein ablöschen. 1 TL Pfeffer, Salz und das Bouquet garni hinzugeben und 10-15 Min. simmern.

Währenddessen in einer Pfanne nacheinander in dieser Reihenfolge Auberginen, Zucchini, Paprika, Knoblauch und Pilze in Öl bräunen und in die Kasserolle geben. Den Pilzen etwas Muskat zugeben. Den komplettierten Eintopf etwa 30 Min. nicht zu stark kochen. Er verträgt auch eine etwas längere Kochzeit: Die Gemüse werden zwar weicher, aber der Geschmack noch intensiver. In diesem Fall je nach gewünschter Konsistenz Wein oder Tomatensaft zugießen.

Vor dem Servieren das Bouquet garni herausnehmen und das Gericht mit frisch gemahlenem schwarzen Pfeffer und 1-2 EL Öl abrunden. Dazu ein warmes Baguette oder frisches, mild-saures Roggenbrot und – fast zu viel des Guten – einen milden Ziegenbrie reichen. Der verkochte und auch der dazu getrunkene Wein sollte bei wenig Säure fruchtig sein.

Kastanieneintopf
Schweiz

400 g Maronen
500 g Weißkohl
500 g Kartoffeln
250 g Räucherspeck
4 Bratwürste vom Schwein
Butter
¼ l Fleischbrühe

In die gewölbte Seite der Kastanien ein Kreuz schneiden und sie in Wasser 10 Min. kochen, dann abgießen. Man kann die eingeschnittenen Maronen auch im heißen Backofen aufspringen lassen. Bei beiden Vorgehensweisen die Kastanien sofort schälen. Die unzerkleinerten Kohlblätter in kochendem Salzwasser 10 Min. garen, herausnehmen und abtropfen lassen. Kartoffeln schälen und würfeln, den Speck ebenfalls in Würfel, die Würste in nicht zu dünne Scheiben schneiden.

Eine Gratinform oder einen Bräter mit Butter ausstreichen. Die Hälfte der Kohlblätter hineinlegen. Kastanien und Kartoffeln, Speck und Wurst mischen und darauf verteilen. Mit Brühe angießen und mit den verbliebenen Kohlblättern bedecken. Im vorgeheizten Backofen bei etwa 180° C zugedeckt 60 Min. garen.

Bouillabaisse
Frankreich: Ein mediterraner Fischtopf

Eine *Bouillabaisse* kocht jeder anders und das Schöne ist: Jeder hat Recht. Die nachfolgende Version ist gekennzeichnet durch den Verzicht auf Muscheln, Langustinen und Tintenfische und erleichtert so den Einstieg in dieses komplexe Thema.
Geeignet sind unter anderem Dorade, Roter Knurrhahn, Kabeljau, Seeaal, Heilbutt, Rotbarsch, Schellfisch und Merlan. Etwas teurer sind Steinbutt und Seezunge; einen relativ günstigen Ersatz stellen Elefantenfisch und Viktoriabarsch dar. Nicht geeignet sind fetthaltige Arten wie Hering, Sardinen und Makrelen. Für die Brühe nehmen Sie – falls Sie keine ganzen Fische kaufen – einfach alles, was Ihr Händler gerade in der Kiste hat: Auch Zander-, Lachs- oder Wallergräten und -köpfe sind in Ordnung.

für den Eintopf:
1 kg Seefische mit festem Fleisch
500 g Seefische mit weichem Fleisch
2 Zwiebeln
1 Fenchelknolle
Olivenöl
500 g Tomaten
3 Knoblauchzehen
½ TL gerebelter Thymian
gehackte Schnittpetersilie
Salz
1 ungespritzte Orange
½ TL Safran
½ l ungekühlter Weißwein (nicht zu trocken,
etwa ein Blanc de blanc)

für die Brühe:
1 Stange Porree
2 Zwiebeln
⅛ Sellerieknolle

3 Lorbeerblätter
3 Gewürznelken
schwarze Pfefferkörner

für die Rouille:
2 kleine grüne Paprika
1 Chili
2 eingelegte rote Paprika
4 Knoblauchzehen
6 EL Olivenöl
Paniermehl

Die Rouille am besten im Voraus zubereiten: Grüne Paprika halbieren und entkernen, das weiße Fruchtfleisch entfernen, die Schote grob hacken. Mit der Chili in 1 Tasse Wasser 10 Min. dünsten, abtropfen lassen und trockentupfen. Im Mörser mit roter Paprika und halbierten Knoblauchzehen zu einer glatten Paste verarbeiten. Langsam das Öl unterrühren und gerade so viel Paniermehl zugeben, dass die Sauce am Löffel haftet.
Für die Brühe Porree, Zwiebeln und Sellerie grob hacken und in Öl bei schwacher Hitze 5 Min. andünsten. Gräten, Flossen und Köpfe sowie Lorbeerblätter, ein Stück Orangenschale, Nelken, Pfeffer, 1 TL Salz und ¼ l Wein zugeben und mit Wasser auffüllen. Aufkochen und zugedeckt nicht länger als 30 Min. köcheln. Durch einen Durchschlag gießen und die festen Teile mit einem Stößel ausdrücken. Die Brühe zur Seite stellen.
Für den Eintopf die Fische säubern und je nach Größe in Portionsstücke teilen. Zwiebeln und Fenchel in halbe Ringe schneiden und in Öl 10 Min. andünsten. Die Tomaten häuten, vierteln und mit dem zerdrückten Knoblauch zugeben. Mit Thymian, Petersilie, etwas Salz, dem Saft der Orange und dem in warmem Wasser angerührten Safran würzen. Nun die Brühe angießen und zum Kochen bringen. Dann die festeren Fischstücke in den Topf geben und 5 Min. stark kochen. Die weicheren Sorten hinzufügen und weitere 5 Min. garen. 2 EL Brühe abnehmen und damit die Rouille verdünnen. Den Topf vom Herd nehmen und das Gericht mit ¼ l Wein abschrecken.

Zum Servieren die Fischstücke auf den Tellern anordnen und die Brühe darüber schöpfen. Die Rouille wird separat gereicht. Begleitet wird das Gericht von einfachem Weißbrot, das oftmals im Ofen geröstet, mit Knoblauch eingerieben und vor dem Anrichten auf die Teller gelegt wird.

Wildschweinragout
Nordfrankreich: Ein Herbstfestessen

pro Person:

150-200 g Wildschweinfleisch
schwarzer Pfeffer
Salz
gerebelter Thymian
gemahlener Rosmarin
1-2 getrocknete Feigen
½ Pastinake
¼ Petersilienwurzel
¼ Kohlrabi
2-3 kleine Kartoffeln
½-1 gelbes Rübchen
1 kleine Möhre
1 kleiner Topinambur
1 kleine Rote Bete
2-3 Backpflaumen
½ Zwiebel
1 Knoblauchzehe
Rotwein
Brühe
Olivenöl
gehackte Schnittpetersilie
1 Zitrone

Den Römertopf mindestens 30. Min wässern. Währenddessen das Fleisch in 4-5 cm große Stücke schneiden, mit Pfeffer, Salz, Thymian und Rosmarin würzen. Die Feigen vollständig mit heißem Wasser bedecken und nach einer Weile abgießen. Pastinake und Petersilienwurzel vierteln, den Kohlrabi in halbe Scheiben schneiden, die kleinen Gemüse putzen.

Fleisch, Gemüse, Trockenfrüchte, Zwiebel und Knoblauchzehe in den Tontopf geben und gut mischen. Zu gleichen Teilen Wein und Brühe zugießen, bis die Zutaten fast bedeckt sind – der Wein sollte kräftig sein, mit klarem Aroma und wenig Säure. Abschließend mit reichlich Öl übergießen. Das Ragout im Ofen bei etwa 150° C mindestens 3, besser 4-5 Std. garen. Dabei gelegentlich nachschauen, bei Bedarf Wein und Brühe zugießen.

Serviert wird das Ragout natürlich im Römertopf, mit Schnittpetersilie bestreut und mit Zitronenscheiben bedeckt. Dazu werden ein dunkles Graubrot oder Roggenbrötchen gereicht.

Patatas meneadas

Spanien: Gerührte Kartoffeln aus der Region um Salamanca

Dieses Gericht ist ein typischer erster Gang der in Spanien üblichen zwei Hauptgerichte, kann aber im Alltag auch gut allein gegessen werden. Es stammt aus kargen Zeiten, in denen es nur wenig Fleisch gab. Deshalb wurden die *Patatas meneadas* meist mit gebratenem Knoblauch zubereitet und nur selten mit Speck. Bis heute hat sich gehalten entweder Speck oder Knoblauch zu verwenden – beides zusammen ist fast schon ein Luxus und schmeckt entsprechend. Das Gericht kommt völlig ohne Salz aus ohne fad zu sein. Sollte Ihrem Gaumen aus Gewohnheit etwas fehlen, salzen Sie einfach bei Tisch nach.

2 kg Kartoffeln
2 Paprika (grün und rot)
2-3 Tomaten
2 Zwiebeln
4 Scheiben geräucherter Speck
3 Knoblauchzehen
Olivenöl
nach Geschmack: scharfes oder mildes Paprikapulver

Kartoffeln schälen und in Stücke schneiden, Paprika, Tomaten und Zwiebeln grob hacken. Alles in einem tiefen Topf knapp mit Wasser bedecken und zugedeckt 15-20 Min. kochen; zuletzt den Deckel abnehmen, um das Kochwasser zu reduzieren.
Währenddessen 1 Scheibe Speck in dünne Streifen schneiden, den Rest grob hacken. Den Knoblauch in dünne Scheiben schneiden. In einer Pfanne reichlich Öl erhitzen, den in Streifen geschnittenen Speck darin anbraten. Herausnehmen und zur Seite stellen. Gehackten Speck und Knoblauch in die Pfanne geben und anbraten. Paprikapulver zugeben und die Pfanne vom Herd nehmen.
Die Gemüse mit einem Holzlöffel oder Stampfer grob pürieren, Speck, Knoblauch und Öl unterheben. Mit dem in Streifen geschnittenen Speck dekorieren.
Dazu schmeckt ein leichter spanischer Landwein.

Puchero Canario
Spanien: Eintopf nach kanarischer Art

am Vortag beginnen

300 g Kichererbsen
500 g Rinderbrust
250 g frischer durchwachsener Speck
2 Morcillas (Blutwürste)
2 Chorizos (Paprikawürste)
Olivenöl
250 g Weißkohl
200 g Kürbis
200 g grüne Bohnen
5 Kartoffeln
2 Boniatos (Süßkartoffeln)
2 Maiskolben
1 große Birne
3 Knoblauchzehen
2 Gewürznelken
1 TL Safran oder 10 Safranfäden
Salz

Die Kichererbsen über Nacht in reichlich kaltem Wasser einweichen. Am nächsten Tag Fleisch, Speck und Würste in nicht zu kleine Stücke schneiden. Den Boden eines tiefen Topfes mit Öl bedecken, das Öl erhitzen und die Fleischmischung darin anbraten. Die Kichererbsen abgießen, dazugeben, mit Wasser bedecken und 60 Min. kochen. Währenddessen die Gemüse und die Birne putzen, ebenfalls mundgerecht zurichten. Halbierte Knoblauchzehen, Nelken und Safran im Mörser zu einer Paste verarbeiten und mit ½ Tasse Fleischbrühe vermischen. Am Ende der Kochzeit alle Zutaten in den Topf geben und knapp mit Wasser bedecken. Weitere 30 Min. köcheln.
Vorsichtig mit Salz abschmecken. Mit einem deftigen Brot und einem kräftigen Rotwein oder Bier ist dieses Gericht eine angemessene Belohnung für die messerverschleißende Vorbereitung.

Tscholent mit Kloß und Pflaumen
Portugal: Die sephardische Variante

4 Kalbsfüße, gebrüht, halbiert und gespalten
500 g große Backpflaumen
1 Zimtstange
½ TL Salz
½ TL Zucker

für den Kloß:
250 g Hühnerfett
500 g Mehl
250 g Weizengrieß
Pfeffer und Salz
1 Prise geriebener Ingwer
1 Prise geriebene Muskatnuss
3 Eier

Den Backofen auf 180° C vorheizen.
Den Kloß zubereiten wie den Kneidl des aschkenasischen Tscholents (Seite 52), auch wenn die Zutaten ein wenig variieren.
Für den Tscholent alles in eine schwere Kasserolle geben und mit Wasser bedecken. Den Kloß auf die Mitte des Gerichts legen und leicht eindrücken. Die Form in den Ofen stellen und die Temperatur auf 100° C reduzieren. Das Gericht etwa 3-4 Std. langsam garen – das Fleisch sollte von den Knochen fallen, der Kloß noch goldbraun und saftig und die Flüssigkeit fast vollständig verkocht sein.

Irish Stew
Irland

pro Person:

100-150 g bestes Lammfleisch
100-150 g Kartoffeln
100-150 g Möhren
100-150 g Wirsing
Pflanzenöl oder Hammelfett
½ EL gerebelter Thymian
1 EL gehackte Schnittpetersilie
schwarzer Pfeffer
½ TL Salz

Fleisch, Kartoffeln und Gemüse in gleich große, mundgerechte Stücke schneiden.
Den Boden eines tiefen Topfes mit Öl bedecken, das Öl erhitzen und das Fleisch darin leicht braun anbraten. Thymian, die Hälfte der Petersilie und pro Person eine Prise Pfeffer hinzufügen, alles gut vermischen. Kartoffeln, Möhren und Wirsing zugeben, abermals gut umrühren und etwa 5 Min. anschmoren, ohne dass etwas anbrennt. Mit Wasser ablöschen und alles knapp mit der Flüssigkeit bedecken. Salzen und etwa 15 Min. garen.
Vor dem Servieren mit der restlichen Petersilie bestreuen.
Zu Irish Stew passt frisches Sodabrot, beispielsweise aus Weizenvollkornmehl mit Hirse. Es lohnt sich, bei diesem bäuerlich anmutenden, sehr delikaten Essen auf hervorragende Fleischqualität zu achten.

Rumbledethumps
Schottland: Ein preiswertes Ofengericht

500 g Kartoffeln
250 g Weißkohl
1 Gemüsezwiebel
100 g Butter
Pfeffer und Salz
200 g Cheddar-Käse

Die Kartoffeln schälen und nicht allzu weich kochen, abschrecken und abkühlen lassen. Den Weißkohl fein hacken, die Zwiebel halbieren und längs in dünne Ringe schneiden. Den Backofen auf etwa 180° C vorheizen.
In einem Bräter Butter zerlassen und die Zwiebel darin anbräunen. Den Kohl zugeben und unter Rühren einige Minuten mitbraten. Die Form vom Herd nehmen, die Kartoffeln hineingeben und mit einem Stampfer grob pürieren. Salzen und pfeffern, ein Drittel des Cheddar unterheben. Den restlichen Käse auf dem Gericht verteilen, den Bräter in den Ofen stellen und 20 Min. backen.
Auch wenn in Schottland schwer zu bekommen, passt ein saftiges Pumpernickel – nicht nur von der Seltsamkeit seines Namens her – hervorragend dazu.

Scotch Hotchpotch
Schottland: Hammeleintopf

1 kg Hammelfleisch (Keule oder Nacken)
300 g Blumenkohl
1 Stange Porree
1 Stange Sellerie
2 Möhren
1 gelbe Rübe
1 Gemüsezwiebel
Öl
1 TL schwarze Pfefferkörner
1-2 TL Salz
200 g Erbsen
1 kleiner Kopfsalat
gehackte Liebstöckelblätter
gehackte Schnittpetersilie

Blumenkohl in Röschen zerteilen. Porree, Sellerie und Möhren in halbe Scheiben, die Rübe in Würfel und die Zwiebel in halbe Ringe schneiden.
In einer schweren Kasserolle Öl erhitzen und das Fleisch bei mittlerer Hitze darin anbräunen. Porree, Sellerie, Rübe, Zwiebel, zerdrückte Pfefferkörner und Salz hinzufügen. Mit etwa 1 l Wasser auffüllen, aufkochen und bei schwacher Hitze zugedeckt 60 Min. kochen, dabei mehrmals umrühren. Anschließend Blumenkohl, Erbsen und Möhren unterrühren und ohne Deckel weitere 30 Min. köcheln.
Wenn sich das Fleisch vom Knochen löst, es herausnehmen, ablösen und zerteilen. Die Stücke mit dem in schmale Streifen geschnittenen Kopfsalat, Liebstöckel und Petersilie zurück in die Kasserolle geben und erneut ein paar Minuten erhitzen.
Wie alle Hammelgerichte sehr heiß servieren. Diesem köstlichen Topf sei ein knusprig frisches, noch warmes Weißbrot geschuldet.

Stovies
England: Ein Restetopf

300 g gekochte Fleischreste
1 kg Kartoffeln
3 Zwiebeln
50 g Schweineschmalz oder Butter
Salz
schwarzer Pfeffer
grob gehackte Schnittpetersilie

Kartoffeln schälen und in dicke Scheiben, die Zwiebeln längs in Ringe schneiden.
In einem schweren Topf Schmalz erhitzen und die Zwiebeln darin goldbraun anbraten. Die Kartoffeln zugeben, Salz und nicht zu wenig Pfeffer untermischen, bis die Gewürze gut verteilt sind. ¼ l Wasser seitlich angießen und alles zugedeckt etwa 30 Min. köcheln. Dabei gelegentlich schütteln, damit die Kartoffeln nicht ansetzen.
Das gegebenenfalls zerpflückte Fleisch und die Petersilie hinzufügen und etwas unterschütteln. Das Gericht weitere 10-15 Min. garen.
Mit einem leichten Brot und sehr kalter Buttermilch servieren.

Kedgeree
England: Ein angloindisches Linsengericht

Dieses englische Kolonialgericht bietet eine gewisse Schikane: Die Linsen sollten zur gleichen Zeit gar werden wie der Reis. Wird eine Sorte gewählt, die länger gart, muss sie entsprechend vorgekocht werden.

400 g Linsen
4 Zwiebeln
Öl
400 g Langkornreis
Salz
schwarze Pfefferkörner
2 Lorbeerblätter
1 TL Curry
frische Ingwerwurzel (etwa daumengroß)
3 hart gekochte Eier

Die Linsen waschen und einige Stunden in kaltem Wasser einweichen, dann abtropfen lassen. Die Zwiebeln in halbe Ringe schneiden.
In einem Bräter Öl erhitzen und die Hälfte der Zwiebeln darin anrösten. Herausnehmen und zur Seite stellen. Etwas Öl nachgießen und die restlichen Zwiebeln darin andünsten. Reis und Linsen zugeben, gut mischen und mit Wasser bedecken. Die Gewürze hinzufügen, den Ingwer in das Gericht reiben. Aufkochen und bei mittlerer Hitze zugedeckt etwa 25 Min. garen – die Kochzeit hängt von den Linsen ab, das Gericht sollte nicht breiig werden.
Zum Servieren mit in Scheiben geschnittenen Eiern und gerösteten Zwiebeln garnieren.

Hutspot
Niederlande

500 g Rindfleisch (Brust oder Rippe)
300 g weiße Bohnen
1 Stange Porree
¼ Sellerieknolle
1 Lorbeerblatt
800 g Kartoffeln
500 g Möhren
1 Gemüsezwiebel
Pfeffer und Salz
100 g Butter
gehackte Schnittpetersilie

Die Bohnen einige Stunden einweichen, im Einweichwasser halb gar kochen und dann abgießen.
Währenddessen den Porree in Scheiben schneiden, den Sellerie würfeln. Mit Fleisch und Lorbeerblatt in leicht gesalzenem Wasser 2 Std. kochen.
Kartoffeln, Möhren und Zwiebel in kleine Würfel schneiden, mit den Bohnen zum Fleisch geben, pfeffern und salzen. Alles bei nicht zu großer Hitze garen. Dabei gelegentlich nachschauen und bei Bedarf weiteres Wasser zugießen.
Das gegarte Fleisch herausnehmen und in Würfel schneiden. Das Gemüse kräftig stampfen, das Fleisch unterheben. Die Butter bräunen und mit der Petersilie über das Gericht geben.
Sofort in Begleitung kühlen Bieres servieren.

Endiviestampott
Niederlande

1½-2 kg Kartoffeln (mehlig kochend)
1 kleiner Endiviensalat
150-200 g durchwachsener Speck
leichtes Pflanzenöl
4 gehackte rote Zwiebeln
Milch
schwarzer Pfeffer
Salz
2 Eier

Kartoffeln schälen und in einem tiefen Topf kochen. Währenddessen die Salatblätter grob hacken, den Speck würfeln. Etwas Öl erhitzen, Speck und 3 Zwiebeln darin knusprig braun braten.
Die garen Kartoffeln abschütten, etwas Milch zugießen, mit Pfeffer und wenig Salz würzen und mit einem Stampfer grob pürieren. Sobald die Masse glatt wird, die Eier unterrühren, nach Bedarf weitere Milch zugießen. Zuletzt Salat, Speck und alle Zwiebeln unterheben.
Sofort servieren, das Gericht kühlt schnell aus.
Dazu passt ein fruchtiger Rotwein oder Bier.

Kochende soll man nicht aufhalten

19 Eintöpfe aus Osteuropa, vom Balkan,
aus Ungarn, Österreich, Italien, Griechenland,
Mauretanien, Ghana und der Türkei

Ina und ich schauten uns ratlos an. Nun wollten wir doch erst richtig in die Welt und waren fast schon wieder zu Hause. Da half nur: Augen zu und durch. Der Transfer in den dunklen, kühlen Tiefen eines holländischen Gouda-Sattelzuges quer durch das Land zur tschechischen Grenze kostete uns ein kleines virtuelles Vermögen.

Wohin sollten wir uns wenden? Die Gebiete des östlichen Europa sind allesamt überreich an köstlichen, beispielhaften Eintopfgerichten, die sich allerdings nur manchmal an Landesgrenzen halten, denn meist entstanden sie außerhalb politischer Einflussnahme. Vor allem die Variationen der jüdischen Küche, die hier im Osten einen enorm großen Einfluss besaß, lassen keine lokale Zuweisung zu. Im Gegensatz zur bereits erwähnten kräftiger würzenden sephardischen Küche weisen sich die Gerichte des aschkenasischen Raumes durch milde Geschmackskomponenten und einige typische, oft süß-saure Zutatenkombinationen aus. Obst und Gemüse kommen oft vor, da sie in der strengen Trennung der Zutaten in fleischige und milchige Gerichte eine neutrale Rolle spielen. Charakteristisch sind auch hier Kartoffeln sowie Gerste, Linsen und Buchweizen.

Als ersten Topf wählten wir den *Zimmes mit Rosinen und Pflaumen* aus; ein jüdisches, aus Westen nach Osteuropa eingeführtes Neujahrsgericht mit der beliebten Möhren-Kartoffel-Kombination, dessen Namen übersetzt so etwas wie ›Alles in Ordnung‹ bedeutet. Für einen weiteren Klassiker entschieden wir uns mit einer östlichen Version des bereits erwähnten *Tscholent*, der weltweit in den verschiedensten Varianten bereitet wird. Typisch, wenn auch heute nicht mehr oft so streng befolgt, ist das langsame Garen über Nacht, da am Sabbat kein Feuer entzündet werden durfte.

»Der Name kommt übrigens vom französischen ›chaud‹ für ›warm‹. Ist es nicht herrlich, wie sich eigentlich die gesamte Weltgeschichte anhand von Eintöpfen erklären lässt?«

Ina hatte den Nagel auf den Topf getroffen. Im Grunde war die gesamte Entstehung unseres Kosmos – wenn man den Begriff der Ursuppe ernst nähme – eine eintopfähnliche Angelegenheit, in der es um ein vereinendes, harmonisierendes Spiel der verschiedenen Kräfte ging.

Später saßen dann rund um den Erdball unsere Vorfahren vor ihren Höhlen und Bauten, rösteten Getreide auf heißen Steinen, zermahlten es und rührten in Gefäßen aus Leder, Pflanzenteilen oder Ton einen Brei. Für die ärmere Bevölkerung blieben diese gelbgrauen Gerichte weicher bis schnittfester Konsistenz bis ins 19. Jahrhundert hinein das wichtigste Grundnahrungsmittel, welches in besonders dürftigen Zeiten mit allem, was sich rund um die Kochstelle finden ließ, verlängert und modifiziert wurde.

»Und um irgendwie Ordnung in dieses große Durcheinander zu bringen, hat man die Breitengrade erfunden ...«

Ina nannte mich ›Hammel‹ und schrieb kurz entschlossen den *Djuvetch* auf unsere Liste, einen Klassiker unter den Hammeltöpfen. Er wird, wie auch eine allerorten ›serbisch‹ genannte Bohnensuppe namens *Grah*, im gesamten Balkangebiet bereitet.

Speziell aus Ungarn kommen der *Kàposita*, ein Kohltopf mit frischen Tomaten, sowie der akzentreiche, dafür fleischfreie *Édeskàposita fözelék*. Die Ungarn wurden am 5. August 1849 in der Freistadt Szegedin an der Theiß von den Österreichern geschlagen, was aber vermutlich nichts mit dem nach der Stadt benannten *Gołaż* zu tun hatte, das sich jedoch fortan auch in den Speiseplänen der Sieger des Öfteren blicken ließ. Bei denen sind Eintöpfe im Übrigen auch heute noch und wieder hoch im Kurs: In Wien wurde vor nicht langer Zeit das bisher einzige als solches bekannte Eintopf-Restaurant eröffnet! Hier dürfte man sowohl zu einem deftigen *Steirischen Schöpsernen* kommen als auch zu einem typisch kaiserlich-königlichen *Fischeintopf*. Bei ihm wie in der gesamten traditionellen Küche des Landes werden ausgesprochen gerne Kombinationen von Wurzelgemüsen verwendet, eine Gewohnheit, die aus der mittelalterlichen Küche stammt. In den meisten Regionen Europas hielt man damals Gemüse nur für erwähnenswert, wenn heilsame Kräfte benötigt wurden. Diese fand man zumeist nicht im Gartenanbau, sondern in wild wachsenden Pflanzen, Kräutern und eben Wurzeln, die erst nach entschiedenem Kochen zu Mus, zu ›G'müs‹, und damit verzehrbar wurden. Erst relativ spät fanden die heute obligatorischen Gemüsesorten ihren Platz als Grundnahrungsmittel und als Kulturpflanze. Dann wiederum empfahlen Staat und Kirche, nur Gezähmtes und Kultiviertes zu verzehren, wodurch Kräuter und Wildpflanzen wie Sauerampfer, Löwenzahn und Bärlauch langsam von den Speiseplänen und aus den Eintöpfen verschwanden. Der Glaube, dass den Menschen forme, was er isst, setzte sich nachhaltig durch.

»Das ist doch Blödsinn. Wenn ich sage, dass du mich rasend machst, muss ich doch vorher nicht ins Gras gebissen haben ...«

Ina ließ sich nicht mehr aus der Fassung bringen. Sie schaute auf die Uhr. Offensichtlich hatte sie sich wirklich in den Topf gesetzt, meine Wette auf jeden Fall zu gewinnen.

»Wohin jetzt? Wenn die Zeit noch reicht, würde ich gerne kurz in Venedig vorbeischauen.«

»Oh ja, Venedig, Stadt des Zuckers und der Gewürze – Dreh- und Angelpunkt mitteleuropäischer Eintopfkultur. Und ach, was schrieb doch Herman Melville im April des Jahres 1857 noch gleich in seine ›Reisefresken‹: ›An diesen ruhigen, frühsommerlichen Tagen treiben die schönen Venezianerinnen wie Seerosen in voller Blüte dahin.‹«

»Halt die Klappe. Bin gespannt, was deine Seeröschen zu dem Aal sagen werden, der deine Küche demontieren wird, bevor er in den *Risotto con l'Anguilla* wandert.«

»Derlei Verluste Ihrer Contenenza, werte Marchesa, sind zumindest bei diesem Thema absolut unangebracht. Der Aal ist zwar vielleicht kein Feinschmecker, aber zumindest nicht der Aasfresser, für den er immer gehalten wird. Und wenn man ihn früher mit Pferdeköpfen fing, dann nur, weil es unter der Schädeldecke gemeinhin so schön dunkel ist. Im Übrigen arretierte man den Aal in früheren Tagen, indem man nachts eine Sandbarriere auf den Schlick zwischen Fluss und Erbsenfeldern streute, in denen die gesundheitsbewussten Tierchen ihre Vitamine zu sich zu nehmen gedachten.«

Während ich noch versonnenen Blickes mit den vorüberziehenden Wolken plauderte, hatte Ina bereits den nächsten Topf notiert, *Pasta e Lenticchie*, eine absolut erstaunliche Art Linsensuppe mit dort hineingekochten Teigwaren. Anschließend wählten wir die *Cazzuola*, einen Schweinstopf aus der Lombardei.

Übermorgen vor exakt 128 Jahren würde in Brindisi die ›Mongolia‹, das Dampfschiff der Peninsular- und Orient-Gesellschaft, ein Schraubendampfer mit Spardeck und einer Wasserverdrängung von 2 800 Tonnen, pünktlich ausgelaufen sein. An Bord befanden sich natürlich Phileas Fogg und sein treuer Diener Passepartout auf dem Weg nach Bombay via Suez.

Ausholenden Schrittes hasteten auch wir nach Süden und reisten in der Holzklasse durch Griechenland. Mit dem *Psito* notierten wir dort einen Topf mit Gemeinschaftssinn: Sämtliche *Psito*-kochenden Gemeindemitglieder gaben ihre Behälter am Sonntagmorgen beim Bäcker ab, in dessen immerwarmem Ofen sie im Verlauf der Messe garten. Das zweite griechische Gericht war ein *Avgolemono*. Endlich, denn Geflügel war auf unserer bisherigen Route noch nicht angemessen zum Zuge gekommen.

Wir entschlossen uns zu einem Sprung hinüber auf den so genannten Schwarzen Kontinent, in den mächtigen dunklen Bräter, in dem sich einst die Zutaten des großen Menschheitstopfes miteinander vergnügten, bis der Koch aller Köche Liebeskummer bekam und uns die Suppe ordentlich versalzte. Doch was, um alles in der Welt, sollten wir aus der gewaltigen Küche Afrikas auf unseren Zettel übernehmen ohne noch mehr Unfrieden zu stiften? Wir entschieden uns für ein mauretanisches *Lammcouscous* und den *Mpiho*, einen Heringstopf aus Ghana.

Auf dem weiteren Weg erwartete uns in Kleinasien eine so einfache wie überzeugende Bohnensuppe namens *Kuru fasulye* sowie, um den Begriff des Eintopfes ausnahmsweise moderat auszudehnen, ein Topf voll *Dolma*, verschiedener gefüllter Gemüse. Und auch den *Imam bayıldı*, den angesichts der wirklich atemberaubenden Köstlichkeit dieses Gerichtes in die Besinnungslosigkeit hinabgleitenden Imam, nahmen wir in unsere Sammlung auf. Es ist wohl nicht nötig, darauf hinzuweisen, dass manche Töpfe besser gleich in liegender Position genossen werden. Für so einen Fall sind schließlich die Topfkissen da.

Tscholent mit Kneidl
Osteuropa: Ein Topf geht um die Welt

Bei der hier vorgestellten Version des *Tscholent* – auch *Schalet* oder *Chulent* genannt – handelt es sich um eine aschkenasische, osteuropäische Variante des vielleicht bekanntesten jüdischen Eintopfs. Es gibt zahlreiche variierende Maßangaben, in denen sich jeder am Ende selbst zurechtfinden muss. Entscheidend ist, die Funktionsweise dieses Eintopfes zu verstehen – denn dann versteht man mehr als einen Topf.

am Vortag beginnen

400 g rote oder weiße Bohnen
1-1½ kg Rinderbrust oder -schulter ohne Knochen
300 g grobe Gerstengraupen
8-10 mittelgroße Kartoffeln
4 Zwiebeln
200 g Hühnerfett oder Rindertalg
4 Knoblauchzehen
Pfeffer und Salz
2 EL Mehl
1 TL Rosenpaprika
2 Markknochen
2 TL gerebelter Thymian
2 Lorbeerblätter
1 Glas Brandy

für den Kneidl:
1 große Kartoffel
250 g Hühnerfett
400 g Mehl
250 g Weizengrieß
½ TL Salz
schwarzer Pfeffer
2 EL gehackte Schnittpetersilie
3 Eier

Die Bohnen über Nacht einweichen.
Am nächsten Tag das Fleisch in große, aber noch mundgerechte Würfel schneiden. Die Graupen gut waschen. Kartoffeln schälen, halbieren oder vierteln, Zwiebeln in halbe Ringe schneiden. Die Kartoffel für den Kneidl schälen, kochen und zur Seite stellen.
In einer schweren Kasserolle Fett auslassen und die Zwiebeln darin goldgelb anbräunen. Den zerdrückten Knoblauch 1 Min. mitbraten. Zwiebeln und Knoblauch herausnehmen und zur Seite stellen.
Das Fleisch in die Kasserolle geben und von allen Seiten gut anbraten. Dabei salzen, pfeffern, mit Mehl und Rosenpaprika bestäuben. Zwiebeln und Knoblauch wieder zugeben, die beiden Markknochen darauf legen. Nacheinander abgetropfte Bohnen, Graupen und Kartoffeln hineinschichten, jede Lage pfeffern und salzen, Thymian und Lorbeerblätter hinzufügen. Die Zutaten gut mit Wasser bedecken und bei starker Hitze zugedeckt zum Kochen bringen.
Die Hitze etwas reduzieren und 30 Min. köcheln, dabei gelegentlich den Schaum abschöpfen. Eventuell weiteres Wasser zugießen, um die Zutaten bedeckt zu halten. Den Backofen auf 180° C vorheizen.
Währenddessen den Kneidl vorbereiten: Das Hühnerfett sehr fein schneiden, mit dem Mehl verhacken und verkneten. Den Grieß sowie die gekochte und geriebene Kartoffel unterkneten. Die Mischung mit Salz, Pfeffer, Petersilie und den verquirlten Eiern zu einem weichen Teig verarbeiten. Wenn nötig, wenig Wasser zugießen. Einen länglichen Kloß formen, ihn in die Mitte der Kasserolle auf den Eintopf legen und leicht eindrücken.
Die Form fest verschließen und in den Ofen stellen, die Temperatur auf 100° C reduzieren und den Tscholent 8-10 Std. garen. Gelegentlich nachschauen und bei Bedarf weiteres Wasser zugießen. Dies erfordert ein wenig Einfühlungsvermögen und Übung, denn am Schluss soll nur noch wenig bis fast gar keine Brühe mehr im Gericht sein. Notfalls 15 Min. vor dem Servieren den Deckel abnehmen und einen Überschuss verdampfen lassen; dies ist besser, als den Eintopf auf halber Strecke vertrocknen zu lassen, was trotz des vielen Fetts passieren kann.
Direkt vor dem Servieren den golden glänzenden Kneidl herausheben und in Scheiben geschnitten separat anrichten. Den Tscholent mit Brandy ablöschen – eine vielleicht nicht überall anzutreffende, aber

köstliche Sitte, die bereits zu dem dringendsten Bedürfnis nach diesem schweren Mahl überleitet: Halten Sie guten Schnaps bereit!

Zimmes mit Rosinen und Pflaumen
Osteuropa: Ein jüdischer Neujahrseintopf

Der *Zimmes* ist ein altes jüdisches Gericht, das sich von Deutschland aus nach Osteuropa und letztendlich rund um die Welt verbreitete. Es gibt zahlreiche Variationen mit Honig oder Zucker, Obst und Klößen. In folgender Art kann das Gericht auch ohne Fleisch zubereitet werden.

500 g Rindfleisch
750 g Möhren
4 Kartoffeln
5 EL Öl
3 EL Honig
½ TL Salz
Pfeffer
3 EL Rosinen
150 g Backpflaumen
¼ TL gemahlener Zimt

Das Fleisch in große Stücke zerteilen, die Möhren in dünne Scheiben schneiden, die Kartoffeln schälen und würfeln.
In einem Topf Öl erhitzen und das Fleisch darin leicht anbraten. Herausnehmen, die Möhren hineingeben und unter ständigem Rühren 5 Min. andünsten. Den Honig unterrühren. Fleisch und Kartoffeln zugeben und mit Wasser bedecken. Aufkochen, salzen, pfeffern und zugedeckt etwa 60 Min. garen, dabei gelegentlich umrühren.
Rosinen, entkernte Backpflaumen und Zimt hinzufügen und weitere 20 Min. garen. Dabei gelegentlich nachschauen und bei Bedarf weiteres Wasser zugießen. Falls das Gericht zu flüssig ist, ohne Deckel weiterköcheln – am Ende sollte alle Flüssigkeit verdampft sein.

Djuvetch
Balkan: Ein Klassiker der Hammeltöpfe

Der *Djuvetch* ist die Bezeichnung für eine Eintopf-Familie auf dem Balkan. Zutaten und Zubereitungsarten sind nicht immer gleich, variieren aber nicht sehr stark. Statt Hammel- kann auch Lamm-, Rind- oder Schweinefleisch verwendet werden; manchmal wird auch gemischt.

800 g Hammelfleisch ohne Knochen
2 Auberginen
3 Paprika (rot, gelb und grün)
3 Zwiebeln
500 g Fleischtomaten
125 g Hammelfett
200 g Reis
3 Knoblauchzehen
Pfeffer und Salz
1 TL Rosenpaprika
nach Geschmack: 1 Glas Rotwein
150 g Hartkäse

Das Fleisch in dünne, nicht zu große Scheiben schneiden. Auberginen und Paprika in Würfel, die Zwiebeln in halbe Ringe schneiden. Tomaten häuten und grob hacken.
In einer Kasserolle das Hammelfett auslassen und den Reis darin kurz anrösten. Das Gemüse hinzugeben, gut vermischen und ein paar Minuten dünsten. Nun Zwiebeln, zerdrückten Knoblauch und Fleisch unterrühren. Mit Salz, Pfeffer und Rosenpaprika würzen. Mit Wein ablöschen und ¾ l Wasser angießen. Die Kasserolle im auf 180° C vorgeheizten Ofen etwa 1½ Std. garen. Dabei gelegentlich nachschauen und bei Bedarf wenig Wein oder Wasser zugießen. Kurz vor dem Herausnehmen mit geriebenem Käse bestreuen und noch einmal kurz überbacken.

Grah
Balkan: Serbische Bohnensuppe

Welche frischen Gemüse verwendet werden, hängt von der Region und der Jahreszeit ab; das ursprüngliche Rezept verzichtet ganz auf sie.

600 g weiße oder schwarze Bohnen
5 Bögen geräucherte hohe Rippe
Salz
3 Möhren
1-2 grüne Paprika
1 gehackte Zwiebel
Schweineschmalz oder Pflanzenöl
2 EL Mehl
½ TL Paprikapulver

Bohnen über Nacht oder mindestens 3-4 Std. einweichen.
Anschließend mit Rippen und wenig Salz in reichlich Wasser zum Kochen bringen und 60-90 Min. köcheln. Dabei gelegentlich umrühren und bei Bedarf Wasser nachgießen, die Bohnen sollten stets 2-3 cm mit Flüssigkeit bedeckt sein. Währenddessen Möhren und Paprika längs vierteln und in 10 cm lange Stücke schneiden.
Die Rippen herausnehmen, das Fleisch ablösen und zurück in den Topf geben. Etwa 10 Min. bevor die Bohnen gar sind, Möhren und Paprika zugeben. Die Zwiebel in reichlich Schmalz glasig dünsten, nach und nach Mehl und zuletzt Paprikapulver einrühren, bis eine glatte Schwitze entstanden ist. Diese unter die Suppe heben.
Dazu wird Graubrot gereicht.

Kàposita friss Paradicsommal
Ungarn: Weißkohl mit frischen Tomaten

am Vortag beginnen

500 g Rinder- oder Schweinefleisch
1 kleiner Weißkohl
4 EL Mehl
1 kg frische Tomaten
1 grüne Paprika
1 Zwiebel
1 Lorbeerblatt
1 TL Pfefferkörner
Salz
Butter oder Öl

Den Kohl in 1 cm große Würfel schneiden, mit 2 EL Mehl bestreuen und über Nacht stehen lassen, damit er säuerlich wird.
Am nächsten Tag das Fleisch klein schneiden. Die Tomaten häuten und pürieren, Paprika und Zwiebel hacken.
In einem tiefen Topf das Fleisch mit Wasser bedecken und etwa 15 Min. halb gar kochen. Gemüse und Gewürze hinzugeben und zugedeckt 30-40 Min. kochen, bis der Kohl gar ist. Zum Schluss aus Butter und dem restlichen Mehl eine Schwitze zubereiten und den Eintopf andicken.
Ein Weißbrot ist die richtige Begleitung für dieses so köstliche wie klassische ›Arme-Leute-Essen‹ aus Südungarn, von dem es zahlreiche ähnliche Varianten gibt. Zum Beispiel Édeskàposita fözelék.

Édeskàposita fözelék
Ungarn: Weißkohleintopf

1 Weißkohl
6 Kartoffeln
1 Zwiebel
1 grüne Paprika
1 TL Pfefferkörner
Salz
1 Lorbeerblatt
4-5 Knoblauchzehen
Fett
2 EL Mehl

Kohl grob würfeln, Kartoffeln schälen und ebenfalls in Würfel schneiden, Zwiebel und Paprika grob hacken. Gemüse und Gewürze bis auf den Knoblauch in einen tiefen Topf geben und etwa 60 Min. kochen.

Zum Andicken des Eintopfs eine Knoblauch-Mehlschwitze bereiten, bei der die grob zerteilten Zehen zuerst in heißem Fett geschwenkt, aber nicht gebräunt werden und dann das Mehl vorsichtig eingerührt wird.

Szegedin Golaż
Ungarn: Szegediner Gulasch

1 kg Schweinefleisch ohne Knochen
Schweineschmalz
400 g grob gehackte Zwiebeln
1 kg Sauerkraut
1-2 TL Rosenpaprika
1 TL Kümmel
1 Lorbeerblatt
Pfeffer und Salz
2 EL Mehl

Das Fleisch mundgerecht zerteilen.
Schmalz erhitzen und die Zwiebeln darin andünsten. Das Fleisch zugeben und 15 Min. schmoren. Das Sauerkraut darüber geben und mit Wasser auffüllen. Die Gewürze hinzufügen und bei schwacher Hitze 60 Min. köcheln.
Eine Mehlschwitze bereiten, gut unterrühren, alles noch einmal aufkochen und abschmecken.
Dazu schmeckt leichtes Graubrot und Bier.

Steirisches Schöpsernes
Österreich: Hammeltopf

1 kg Hammelschulter
1 kg Kartoffeln
2 Zwiebeln
1 Möhre
1 Petersilienwurzel
¼ Sellerieknolle
1½ l Rinderbrühe
6 EL Essig
schwarze Pfefferkörner
1 TL gerebelter Thymian
Salz
50 g Paniermehl
50 g Butter
gehackte Schnittpetersilie

Die Hammelschulter abhäuten, entfetten, auslösen und in große Würfel schneiden. Die Kartoffeln schälen und vierteln.
Zwiebeln und Gemüse grob würfeln und in einer Kasserolle in der Rinderbrühe aufkochen. Fleisch, Essig und Gewürze zugeben. Wenn das Fleisch halb gar ist, die Kartoffeln hinzufügen und alles weitere 20 Min. garen. Das Paniermehl in der Butter anrösten.
Vor dem Servieren den Kochsud abgießen und auffangen. 1½-2 Tassen mit den gerösteten Bröseln vermengen und wieder über das Gericht geben. Zuletzt mit Schnittpetersilie bestreuen.

Österreichischer Fischeintopf

Für dies Gericht sollte – falls sich die Gelegenheit bietet – Süßwasserfisch verwendet werden: Zander (normalerweise ein wenig teuer), Karpfen oder Wels. Weniger eignen sich die grätenreichen Weißfische; Lachs kommt ebenfalls infrage. An Seefischen bieten sich alle günstigeren Sorten an: unter anderem Kabeljau, Schellfisch oder Seeaal.

500 g Fischfilet
Salz
2 Zitronen (Saft)
750 g Weißkohl
500 g Kartoffeln
300 g Wurzelgemüse: 1 Möhre, 1 Petersilienwurzel,
⅛ Sellerieknolle, Schwarzwurzeln
50 g geräucherter Bauchspeck
2 gehackte Zwiebeln
½ TL Kümmel

Den Fisch waschen, trockentupfen, in mundgerechte Würfel zerteilen, salzen und mit Zitronensaft beträufeln. Den Kohl in schmale Streifen schneiden, die Kartoffeln schälen und würfeln, das Wurzelwerk fein schneiden.

Den Speck klein schneiden und in einem Bräter auslassen, die Zwiebeln darin anrösten. Wurzelgemüse und Kohl zugeben, andünsten, mit etwas Salz und Kümmel würzen. Die Kartoffeln untermischen, wenig Wasser angießen. Sind der Kohl und die Kartoffeln weich, die Fischstücke zugeben und zugedeckt etwa 10 Min. gar ziehen lassen.

Vor dem Servieren nochmals mit wenig Zitronensaft beträufeln.

Pasta e Lenticchie
Italien: Teigwaren und Linsen

400 g Teigwaren (kleinere Formen)
300 g grüne Linsen
1 Stange Sellerie
2 Möhren
400 g Tomaten
Olivenöl
2 gehackte Zwiebeln
2 Knoblauchzehen
2 Lorbeerblätter
getrockneter Rosmarin
getrockneter Salbei
½ l Hühner- oder Gemüsebrühe
gehackte Schnittpetersilie
gehacktes frisches Basilikum
schwarzer Pfeffer
Salz
Parmesankäse

Linsen waschen und über Nacht einweichen oder – wenn dazu die Zeit fehlt – in kaltem Wasser aufsetzen, aufkochen, 5 Min. köcheln und 60 Min. quellen lassen. Abgießen und abtropfen lassen. Zum Garen erneut in kaltem, ungesalzenem Wasser aufsetzen, 30 Min. köcheln und wieder abgießen.

Sellerie und Möhren hacken, Tomaten häuten und klein schneiden. In einem Topf Öl erhitzen und die Zwiebeln darin leicht anbräunen. Sellerie und Möhren zufügen und 5 Min. schmoren. Tomaten, zerdrückten Koblauch, Lorbeerblätter, Rosmarin und Salbei zugeben und etwa 5 Min. kochen, bis die Gemüse weich sind. Die Linsen in den Topf geben und mit heißer Brühe angießen, gegebenenfalls mit etwas heißem Wasser auffüllen. Bei schwacher Hitze zugedeckt etwa 20 Min. kochen.

Heißes Wasser bereithalten. Die Teigwaren in die Linsen geben und ohne Deckel etwa 10 Min. weiterkochen. Bei Bedarf Wasser zugießen;

der Kochlöffel sollte in dem Gericht stehen bleiben. Petersilie und Basilikum unterrühren, mit Pfeffer, Salz und wenig Öl abschmecken.
Das reichhaltige Gericht braucht zur Begleitung kein Brot, aber frisch geriebenen Parmesan und eine nicht unwesentliche Menge kräftigen Rotwein.

Risotto con l'Anguilla
Italien: Venezianischer Reis »Aal dente«

1 Aal (etwa 400 g)
20 g Butter
4 EL Öl
2 grob gehackte Zwiebeln
300 g Reis
½ l Fleischbrühe
Pfeffer und Salz
gehackte Schnittpetersilie

Den Aal säubern und waschen, aber in der Haut lassen; in etwa 5 cm lange Stücke teilen.
In einem Bräter Butter und Öl erhitzen, die Zwiebeln mit dem Aal darin anbraten. Bei verringerter Hitze zugedeckt etwa 60 Min. garen, von Zeit zu Zeit jeweils ½ Tasse Wasser angießen.
Die Aalstücke herausnehmen und zur Seite stellen. Den Reis in die verbliebene Flüssigkeit einstreuen, mit Brühe auffüllen und bissfest garen. Pfeffern und salzen. Den Aal häuten und von der Gräte nehmen, die Stücke vorsichtig unter den Reis mischen.
Mit Petersilie bestreuen und sofort servieren.

Cazzuola
Italien: Ein lombardischer Schweinstopf

Luganega sind typische Schweinswürste aus der Lombardei; sie sind mitunter in italienischen Supermärkten zu finden. Dort weiß man sonst auch entsprechenden Ersatz aus dem Angebot zu empfehlen.

1 abgeflämmter Schweinsfuß
1 abgeflämmtes Schweinsohr
150 g Schwarte
1 kg Weißkohl
2 Stangen Sellerie
2 Möhren
1 Zwiebel
30 g Butter
1 EL Öl
500 g Schweinerippchen
100 ml Rotwein
200 ml Brühe
4 Luganega
Salz
schwarzer Pfeffer

Schweinsfuß und -ohr teilen, die Schwarte in große Stücke schneiden und alles in kochendem Wasser etwa 30 Min. weich kochen.
Währenddessen den Kohl würfeln, Sellerie und Möhren hacken, die Zwiebel in Ringe schneiden.
In einer Kasserolle Butter und Öl erhitzen und die Zwiebelringe darin bräunen. Die Rippchen zugeben und braun anbraten. Den Wein angießen und verdampfen lassen. Sellerie und Möhren mit Ohr, Fuß und Schwarte hinzugeben. Die Brühe angießen und alles 30 Min. schmoren. Würste und Kohl hinzufügen und weitere 35-40 Min. garen.
Mit Salz und Pfeffer abschmecken. Der Eintopf sollte nicht zu flüssig sein.
Dazu reicht man ein frisches, knuspriges Weißbrot und mindestens die restliche Flasche Rotwein.

Psito
Griechenland: Ein traditioneller Sonntagstopf

Psito ist ein traditionelles Sonntagsessen, das am Morgen vor der Messe in der vorbereiteten Form zum Bäcker gebracht wird, dessen Ofen auch übers Wochenende nie auskühlt. Auf dem Heimweg holt man die fertige Mahlzeit wieder ab. Bei diesem Gericht spielt die Sorte des Fleisches keine große Rolle. Geflügel, Schwein, Rind und Lamm können gemischt, aber auch jeweils ausschließlich verwendet werden. Wichtig ist, dass die Teile annähernd die gleiche Größe haben.

pro Person:

150-200 g Fleisch
3-4 Kartoffeln
1-2 Möhren
Pfeffer und Salz
Origano
Olivenöl

Die Kartoffeln schälen und vierteln, die Möhren halbieren.
Das Fleisch in die Mitte eines großen Bräters legen und mit Möhren und Kartoffeln umgeben. Etwas Salz, Pfeffer, Origano und Öl darüber geben. Die Form ohne Deckel in den Ofen stellen und bei 220° C 1½-2 Std. backen. Dabei gelegentlich umrühren und das Fleisch wenden. Wenn die Oberflächen kross werden und das Fleisch innen noch nicht ganz gar ist, bei reduzierter Hitze nachgaren.
Im Bräter servieren und am Tisch in Portionen teilen.
Dazu einen einfachen Salat aus Tomaten, Gurken, Zwiebeln und Paprika mit Öl, Origano, Salz und Pfeffer reichen. Weißbrot ist obligatorisch.

Avgolemono
Griechenland: »Zitronenei«

1 Brathähnchen
2 Möhren
½-1 Sellerieknolle
Pfeffer und Salz
½ TL Origano
1 Tasse Reis
3-4 Eier
1 Zitrone (Saft)
Parmesankäse

Möhren und Sellerie in grobe Stücke schneiden.
Das Hähnchen mit Möhren, Sellerie, Pfeffer, Salz und Origano in einen tiefen Topf legen und mit Wasser gut bedecken. Je nach Größe des Vogels 60-90 Min. kochen. Dabei gelegentlich nachschauen und bei Bedarf Wasser zugießen.
Das Hähnchen herausnehmen, in Portionen zerteilen und wieder in die Brühe geben, in der anschließend der Reis gekocht wird. Die Konsistenz sollte nicht mehr die einer Suppe sein, aber auch noch keinen Brei darstellen. Im Zweifel etwas mehr Reis nehmen, da es leichter ist, später noch etwas Wasser nachzugießen. Währenddessen die Eier trennen, Eigelb und Eiweiß aufschlagen, den steifen Schnee unter das Eigelb heben und den Zitronensaft zugeben. Die Eimasse vorsichtig unter die fertige Reisbrühe heben. Mit geriebenem Parmesan bestreuen und servieren.
Dazu gehört, wie zu den meisten griechischen Gerichten, ein Salat aus Gurken, Tomaten und Schafskäse.

Couscous à l'agneau et aux legumes
Mauretanien: Lammcouscous

am Vortag beginnen

200 g Kichererbsen
500 g Couscous
Olivenöl
1 kg Lamm, als Gulasch geschnitten
1 gehackte Zwiebel
2 Knoblauchzehen
3 Kartoffeln
1 kleiner Kürbis
2 kleine Rettiche
4 Möhren
½ Weißkohl
2 Tomaten
Pfeffer und Salz
gehackter frischer Koriander
1 Messerspitze Safran
8 Datteln
1 Tasse Rosinen

Die Kichererbsen über Nacht in reichlich kaltem Wasser einweichen. Am nächsten Tag in genügend Wasser garen. Den Couscous mit kaltem Wasser bedecken und 10 Min. quellen lassen. Dann das überschüssige Wasser abgießen und den Couscous in ein Baumwolltuch einschlagen, weitere 10 Min. quellen lassen.
In einer sehr großen Kasserolle Öl erhitzen und das Fleisch darin anbraten. Zwiebel und zerdrückten Knoblauch beifügen und leicht anbräunen. Etwas Wasser zugießen und die Hitze verringern.
Kartoffeln und Kürbis würfeln, Rettiche und Möhren in Streifen schneiden. Die Kohlblätter in schmale Streifen schneiden, die Tomaten häuten und vierteln. Alle Gemüse in die Kasserolle geben und gut vermengen. Mit 2 Tassen Wasser ablöschen, mit Salz, Pfeffer, Koriander und Safran würzen. Bei schwacher bis mittlerer Hitze leicht köcheln.

Die entkernten Datteln, Rosinen und Kichererbsen mit dem Couscous mischen. Alles in den Deckel der Kasserolle geben, das Baumwolltuch darüber spannen und mit dem Deckel auf der Arbeitsplatte wenden. Die Zipfel des Tuches über dem Deckel verknoten. Auf die Kasserolle setzen und 30 Min. über dem Gericht dämpfen. Anschließend – wenn das untere Gericht diese Zeit noch gestattet – den Deckel abnehmen, auf den Tisch legen und das Tuch entknoten. Den Couscous etwas ausbreiten, mit ein paar Tropfen kaltem Wasser besprengen und ein paar Minuten ruhen lassen. Nun wieder in den Deckel schütten und das Tuch darüber spannen; ein zweites Mal etwa 15 Min. dämpfen.

Der Couscous kann separat aufgetragen oder auf das untere Gericht geschüttet werden.

Mpiho
Ghana: Taro-Heringstopf

500 g Taro oder eine andere Cocoyams-Sorte
200 g geräucherte Heringe
60 g Trockenfisch
2 gehackte Zwiebeln
2 Knoblauchzehen
geriebener Ingwer
Pfeffer und Salz
½ Tasse Palmöl
2 Eier

Die Taro würfeln. Die Heringe in schmale Streifen schneiden. Den Trockenfisch 10 Min. wässern und dann zerpflücken.
Die Taro in 1 l leicht gesalzenem Wasser 15 Min. kochen. Die Hitze reduzieren und Zwiebeln, zerdrückten Knoblauch, Hering und Trockenfisch beifügen. Mit einer Prise Ingwer, Pfeffer und – falls ungesalzener Trockenfisch verwendet wird – Salz würzen. Mit einem Stampfer oder einem Rührstab pürieren. Unter ständigem Rühren das Palmöl zugeben und mindestens 10 Min. köcheln, bis die Konsistenz zähflüssig wird.
Die Eier verschlagen und unterheben, das Gericht 10 Min. ruhen lassen und heiß servieren.

Dolma
Türkei: »Gefülltes«

etwa 50 Yaprak dolmas (Weinblätter)
10 Biber dolmas (kleine, hellgrüne türkische Paprika)
3-4 Auberginen

für die Füllung:
½ Tasse Olivenöl
2 gehackte Zwiebeln
1 Tasse Reis
100 g Pinienkerne
nach Geschmack: 20-50 g Korinthen
5 EL gehackte Schnittpetersilie und/oder Dill
1 TL gemahlener Zimt
Pfeffer und Salz
5 Eiertomaten

für die Joghurtsauce:
½ l Joghurt
Knoblauchzehen
gehackte Schnittpetersilie
Pfeffer und Salz

Weinblätter einige Stunden in warmes Wasser einlegen. Die Paprika am Stiel kappen und von den Samen befreien. Die Auberginen in 5-6 cm dicke Stücke schneiden und 4-5 cm tief aushöhlen. Für die Füllung das Öl erhitzen und die Zwiebeln darin anbräunen. Sämtliche Zutaten bis auf die Tomaten zugeben und ebenfalls anbraten. Die Füllung abkühlen lassen.
Paprika und Auberginen füllen und mit je einer Tomatenscheibe verschließen. Die Weinblätter auf den Tisch legen, etwas Füllung auf das untere Drittel geben, die Seiten einschlagen und die Blätter zusammenrollen – nicht zu viel hineinfüllen, da der rohe Reis noch Platz zum Quellen braucht. Die gefüllten Gemüse in den nun leeren Topf schichten; die Weinblätter zuunterst, Auberginen und Paprika abwechselnd

darauf. Nach Geschmack salzen und mit Wasser bedecken. Einen Teller auf das Gemüse legen, damit beim Garen nichts verrutscht. Je nach Reissorte 20-40 Min. köcheln. Es empfiehlt sich ein kurz kochender Reis, damit die Gemüse nicht unnötig weich werden. Am Schluss sollte keine Flüssigkeit mehr im Topf sein.

Dolma schmecken auch warm sehr köstlich, werden traditionell jedoch kalt mit Fladenbrot und einer Joghurtsauce gegessen: Dazu den Joghurt mit zerdrücktem Knoblauch, Petersilie, Salz und Pfeffer verrühren.

Kuru fasulye
Türkei: Bohnensuppe

am Vortag beginnen

500 g weiße Bohnen
500 g Hammel- oder Lammfleisch
Olivenöl
1 gehackte große Gemüsezwiebel
1 kleine Dose Tomatenmark
Salz
schwarzer Pfeffer

Die Bohnen über Nacht einweichen.
Am nächsten Tag das Fleisch würfeln. In einem tiefen Topf Öl erhitzen und das Fleisch darin anbräunen. Zwiebel und Tomatenmark zugeben und kurz mitbraten, salzen und pfeffern. Die Bohnen unterrühren und 2 cm hoch mit Wasser bedecken. Den Eintopf zugedeckt 40-60 Min. kochen, bis die Bohnen weich sind. Dabei gelegentlich nachschauen und bei Bedarf weiteres Wasser zugießen.

Man kann ein Weiß- oder Fladenbrot dazu servieren. Klassisch ist es jedoch, 2-3 EL gekochten Bulgur in die Mitte der einzelnen Portionen zu geben. Dazu wird traditionell sauer eingelegtes Gemüse wie Gurken, Weißkohl und Peperoni gereicht.

Imam bayıldı
Türkei: »Der Imam fiel in Ohnmacht«

250 g Hammelfleisch
500 g Tomaten
½ Tasse Olivenöl
4 Auberginen
2 grob gehackte Zwiebeln
2 Knoblauchzehen
1 Ei
½ Bund Schnittpetersilie
schwarzer Pfeffer
Zucker
Salz
1 EL gehackte Mandeln

Das Fleisch in feine Würfel, die Tomaten in Scheiben schneiden. Im Bräter etwas Öl erhitzen und das Fleisch darin zügig durchbraten. Herausnehmen und zur Seite stellen. Die Auberginen längs halbieren, das Fruchtfleisch kreuzweise einschneiden und die Hälften in heißem Öl einige Minuten dünsten. Das Fruchtfleisch mit einem scharfen Löffel vorsichtig aus der Haut schaben ohne sie zu beschädigen. Eine andere Möglichkeit ist, die Hälften ganz mit Öl einzustreichen und im Ofen auf dem Rost 10 Min. zu backen: Die Haut sollte sich dann leicht in einem Stück lösen lassen. Das Fruchtfleisch fein schneiden.
Die Zwiebeln und zwei Drittel der Tomaten im Öl dünsten. Zerdrückten Knoblauch, Ei und gehackte Petersilie, das Fruchtfleisch und das Hammelfleisch hinzufügen. Mit Pfeffer, einer Prise Zucker und Salz abschmecken, zuletzt die Mandeln unterheben. Die Masse in die Auberginenhäute füllen, nebeneinander in den Bräter legen und mit den restlichen Tomatenscheiben bedecken. Salzen, pfeffern und im heißen Ofen etwa 15 Min. fertig garen.
Ob heiß oder kalt serviert: Das Gericht hält, was sein Name verspricht.

Was man nicht im Topf hat ...

17 Eintöpfe aus Palästina, Israel, der Ukraine, Georgien, Persien, Indien, China, Thailand, Indonesien, Singapur, Vietnam und Japan

Omar, der Vorsitzende des gewaltigen Fanclubs der Fußballabteilung des Sportclub Kriens – Sie erinnern sich? Der Verein des Ortes, in dem das Hotel, in dem die Direktoren des ... – , wäre wahrscheinlich und zu Recht beleidigt gewesen, wären wir an seiner palästinensischen Heimat einfach vorbeigerauscht. Das von Omar stets zubereitete und nun flugs von uns eingesammelte Stammessen des Fanclubs hieß nicht ganz zufällig *Makluba*, ›Verkehrt‹. Es besticht durch seine Kombination von Reis mit Kartoffeln und durch seine Würzung mit Kurkuma und Kardamom.

Hier nahmen wir ein weiteres Gericht in unsere Liste auf, den *Tabula*. Er ist im eigentlichen Sinne kein Eintopf, da er als Salat aus Brot oder Bulgur nicht gegart wird. Andererseits stellt er eine komplette Mahlzeit dar, und was bedeutet in dieser Geschichte schon die letzte Konsequenz?

Die israelische Küche weist eine Besonderheit auf, die sich durch die Geschichte des Landes ergibt. Als »Neugründung« vereint sie in sich eine breite Palette jüdischer Ernährungsgewohnheiten und Zubereitungsarten aus aller Welt und verbindet sie mit den traditionellen Gerichten der Region. Es ist eine Globalisierung besonderer, ein wenig paradoxer Art: Ein Volk, von seiner Heimat aus in alle Richtungen verstreut, entwickelt sich über die Jahrtausende immer weiter, tauscht fast völlig außerhalb seiner ursprünglichen Region kulturelle Details hin und her und kehrt schließlich mit der ganzen Welt im Gepäck an den ursprünglichen Ort zurück, wo sich fortan wieder eine lokal identifizierbare Kultur zu entwickeln beginnt. Ein kleines Beispiel dafür ist der *Chamin*, die israelische und damit wohl ursprüngliche Variante des mehrfach erwähnten *Tscholent*, der bereits im Talmud Erwähnung fand. In Israel wird er – unter Verwendung kleiner zarter Limabohnen – früh am Freitag zubereitet, abends heiß und am Sabbat nur noch kalt gegessen. Eine Besonderheit ist auch das Glas Brandy, mit dem das Gericht abgelöscht wird, sobald es aus dem Ofen kommt.

»Weißt du eigentlich, wie spät es schon ist? Und wir sind gerade mal achteinhalb Zentimeter von zu Hause weg.«

Inas Stimme erhielt ein aufregendes Timbre zwischen Reisefieber und Panikattacke, dabei hatte sie doch im Gegensatz zu mir inzwischen alles unter Kontrolle. So versuchte ich wohl eher mich selbst zu beruhigen, indem ich entgegnete: »Aber dafür haben wir doch sehr elegante Bögen geschlagen und immerhin schon 38 Rezepte. Jetzt müssen wir eben Strecke machen, denn was man nicht im Topf hat, muss man in den Beinen …«

Ich war etwas beunruhigt ob der Worte, die mir meine Reisegefährtin an ebenjenes Behältnis warf, hoffte aber darauf, dass sich ihre Nervosität nach der Halbzeit der Expedition ein wenig legen würde. Wir grinsten uns flüchtig an, wandten uns wieder der Karte zu, eilten ans Ufer des Schwarzen Meeres, warfen uns in die Fluten und kraulten behände Richtung Ukraine. Kaum waren wir wieder auf dem Trockenen, schüttelten wir uns wie Frau Kallenbachs Zwergpudel das Wasser aus dem Fell.

»*Haschee!*«, schrie Ina in den Raum.

»Gesundheit«, erwiderte ich höflich.

»Nein, ich meine – *Tschumak*!«

»Oh Mann, dich hat's aber erwischt …«

»Trottel: *Tschumak-Haschee*. Pilz-Topf.«

»Ah, verstehe. Pilztöpfe. Liverpool. Die Beatles …«

Ich drehte mich zu Ina um. Sie war während meiner letzten Worte auf die Terrasse hinausgetreten und stand bereits auf der morschen Brüstung, wild entschlossen zum Sprung. Ich ergriff ihre in der Luft umherrudernden Arme und warf ihr einen ganzen Strauß um Vergebung bittender Blicke zu.

»*Tschanachi* ...«, flüsterte ich ihr zu, »... Hammelschmortopf aus Georgien. Im Römertopf. Mit frischem Koriander.«

Es gibt einige wenige Dinge auf der Welt, denen keine Köchin wie Ina widerstehen kann. Frischer Koriander gehört absolut dazu. Mit leuchtenden Augen kehrte Ina in meine Küche zurück und wir beide begannen Georgien auf der Karte zu lokalisieren. Wo war das jetzt wieder ... die ganze Region war in den letzten Jahren enorm durcheinander geraten.

Wir schlängelten uns durch den Balkan nach Süden. Unterwegs stießen wir auf den georgischen *Fazan po-gruzinski*, ein unerhört raffiniertes Gericht, bei dem das ehemals wilde Geflügel wahrhaft fürstlich auf einem Bett aus Walnüssen und Sultaninen ruht und sachte mit leichter fruchtiger Säure von Orangensaft und grünem Tee umschmeichelt wird. Von dieser Vorstellung gefangen genommen bummelten Ina und ich, Zeit und Raum vergessend, eine Weile zwischen Euphrat und Tigris hin und her. Ina redete leise vor sich hin.

»›Die Küche einer Gesellschaft ist eine Sprache, in der sie unbewusst ihre Struktur zum Ausdruck bringt, es sei denn, sie verschleiere nicht minder unbewusst ihre Widersprüche.‹«

Dann fokussierte sie mich mit stechendem Blick.

»Von wem?«

»Claude Lévi-Strauss, ›Der Ursprung der Tischsitten‹.«

»Enthalten in?«

»›Mythologica‹, Band 3!«

»Frankfurt am Main, wann erschienen?«

»1973!«

»Ha!«

»Yeah – gimme five!«

Unsere Hände klatschten über den Köpfen aufeinander. Es konnte weitergehen – ab nach Persien. Schon standen wir vor einer diesmal vollkommen anderen Variante desselben Wunderwerks: Den *Chamin* des Hinteren Orients bereitet man hier mit Basmatireis, Kürbis, Quitten und Rosenwasser zu. Als Fleisch wird gerne auch ein Brathuhn in Anspruch genommen.

Ina war in der Zwischenzeit schon wie eine junge Gazelle in Sätzen, die den meinen nur bezüglich ihrer Länge vergleichbar waren, durch ganz Baluchistan, Pakistan und über den Indus gesprungen und stand an den Ufern des Ganges. Sie hatte bereits den *Tari Aloo* notiert, ein Kartoffelgericht in einer betörend aromatisierten Sauce, sowie die *Rasedar*, eine brahmanische Hochzeitssuppe, für die es sich durchaus lohnt, so oft zu ehelichen, wie es im Leben nur irgend möglich ist. Doch dafür war jetzt keine Zeit. Behände setzte Ina durch das Gangesdelta mit seinen zahlreichen verzweigten Armen, und als der Himalaya sich vor ihr auftürmte, zwang sie das Dach der Welt in die Knie, dass es eine Freude war. Ich schlich mich vorsichtshalber untenrum. Als wir in Südchina wieder zusammentrafen, funkelten ihre Augen.

Ich notierte die *Ingwer-Huhn-Nudelsuppe* wie auch den *Sha bao fan*, Reis im Tontopf, auf unser sich langsam füllendes Blatt und ließ mich anschließend ermattet nach Süden hinabgleiten. Ina tänzelte neben mir her.

»Müde?«

»Poh, Wahnsinn!«

»Gute Idee. Das nehmen wir.«

Sie notierte *Poo won sen*, ein Krebs- und Garnelenensemble auf Glasnudeln im Römertopf. Ich rutschte derweil weiter ab und schlug heftig auf der indonesischen Hauptinsel Sumatra auf. Dort traf ich auf *Bakmie* und *Nasi goreng*, zwei nah verwandte Gerichte, die man weltweit kennt – oft allerdings als Dosenfutter, sozusagen asiatischen *Pichelsteiner*.

Im Gegensatz zur historischen Esskultur Europas stehen Gemüse in Asien schon seit Jahrhunderten für ästhetischen und kulinarischen Reichtum; neben Getreide stellen sie den wichtigsten Bestandteil der Ernährung dar. So nahmen wir uns auch gleich noch das *Steamboat*, eine Fondue-Art aus Singapur, für unsere mächtige Tafel vor. Auch dieses hat als eine moderate Ausnahme zwischen den Eintöpfen zu gelten und doch kann es als ein solcher bezeichnet werden. Vor meinem inneren Auge sah ich schon die Delegierten aus Fernost, wie sie sich um die köstlichen Ingredienzen zu streiten begannen, um all die Garnelenklopse, die Herzmuscheln und die Tintenfische.

Ich schaute mich nach Ina um. Sie stand bereits in Vietnam und winkte zu mir herüber. Es sei alles klar, und mit dem *Pho*, einem Hanoier Rindfleisch-Nudeltopf für alle Gelegenheiten des Alltags, hätten wir nun fast die ganze Region flüchtig, aber ausreichend gestreift. Wir sähen uns dann in Japan. Dort würde sie alle Details eines gleichfalls fondueähnlichen, doch in den Zutaten wieder entschieden anderen Gerichtes namens *Sukiyaki* in Erfahrung bringen. Nun gut. Ich mietete mir einen erfahrenen Schwimmelefanten namens Puffi, das Stuntdouble der in Wuppertal durch ein spektakuläres Aus-der-Schwebebahn-gestoßen-werden weltbekannt gewordenen Elefantendame Tuffi. Sicher und behände glitt Puffi durch die haihaltigen Gewässer, um mich im Containerhafen von Tokio abzusetzen. Beim Abschied gab sie mir noch das Rezept eines *Japanischen Lachstopfes* mit, so dass auch ich Ina beim Wiedersehen etwas zu bieten hatte.

Doch mit diesem Vorsatz war ich nicht allein. Als diese um die Ecke bog, schwenkte sie einen frisch beschriebenen Zettel und jauchzte: »Du wirst es nicht glauben – ein japanischer Lachseintopf mit Konnyaku, Kombu, Mirin, Sansho und Shichimi togarashi. Welch herrlicher Reigen der Zutaten!« Ohne dass sie es merkte, übergab ich meinen Zettel der öligen Flut.

Von Tokio aus starteten wir unsere Pazifik-Passage. Gleich dem alten Thor Heyerdahl wollten wir hinab nach Australien gleiten. Doch als uns inmitten der verwirrenden Ansammlung kleiner und kleinster Atolle und Inseln allerlei fahrendes beziehungsweise treibendes Volk begegnete, das nicht wie wir in der kräftezehrenden Gegenströmung gefangen war, sondern uns mit reingeholten Paddeln entspannt dahersausend entgegenkam, merkten wir rasch, dass dieses Kapitel unserer Reise von den Umständen her nicht mehr zu erledigen war. Wir waren in den Fängen des Südostpassats und konnten uns ihm lediglich entgegenstemmen, ohne nach links oder rechts zu schauen. Außerdem, so wurde uns von den freundlichen Mikro-, Mila- und Polynesiern berichtet, sei der Rote Kontinent in kulinarischer Hinsicht sowieso nicht zu empfehlen. Bei ihnen daheim hingegen, inmitten des mikro-, mila- und polynesischen Inselmeers, sei an jeder einzelnen der unzähligen Küsten ein wirklich originäres und unverwechselbares Seefahrergericht zu finden, welches wir vielleicht die Güte hätten in unsere Sammlung aufzunehmen. Man zeige uns gerne alles, bäte uns jedoch anschließend, selbst als leibhaftige Zutat zur Verfügung zu stehen. Denn gemäß dem Gedanken, dass der Mensch sei, was er äße, läge der Umkehrschluss doch nah, dass er ebenso gerne äße, was er sei. Wir bedankten uns, flüchteten rasch und warfen uns gegen den Wind. Dann kreuzten wir in wildem Slalom die Routen der bedeutenden Seefahrer Cook und Magellan und näherten uns schließlich dem berüchtigten Kap Hoorn. Für das, was uns dort erwarten sollte, gab es alle Worte dieser Welt, nur eines nicht: ›zurück‹.

Makluba
Palästina: »Verkehrt«

Dieses typische Alltagsgericht bietet einige Variationsmöglichkeiten. Als Fleisch kommen auch Huhn oder Fisch in Betracht, als weiteres Gemüse ist Blumenkohl sehr beliebt.

400 g Reis
400 g Lammfleisch
2 Kartoffeln
1 Aubergine
1 Zwiebel
Öl
Kurkuma
schwarzer Pfeffer
2-3 Kardamomkapseln
Salz

Den Reis 30-60 Min. in kaltem Wasser einweichen. Das Fleisch würfeln. Die Kartoffeln schälen und in Stücke schneiden. Die Aubergine in Würfel, die Zwiebel in Ringe schneiden.
In einer Pfanne Öl erhitzen und das Fleisch etwa 10 Min. darin anbraten. Aubergine und Zwiebel zugeben und ebenfalls bräunen. Den Reis abgießen, das Einweichwasser auffangen. Die Hälfte des Reises im Topf belassen, Kartoffeln und Gewürze darauf verteilen. Das Fleisch und die angebratenen Gemüse darüber geben und mit dem restlichen Reis abdecken. Etwa ½ l Einweichwasser angießen. Bei nicht zu großer Hitze dämpfen, bis der Reis gar ist. Dabei gelegentlich nachschauen und bei Bedarf wenig Wasser zugießen.
Den Topf auf eine Platte oder ein Edelstahltablett stürzen und den Inhalt mit leichten Schlägen des Kochlöffels lösen. Die Platte in der Mitte des Tisches platzieren, damit sich alle Gäste direkt bedienen können. Dazu wird ein naturbelassener Joghurt oder ein Tomatensalat mit einer einfachen Sauce aus Zitronensaft und Salz gereicht.

Esaus Linsengericht
Israel: Ein bibelfester Eintopf

Dieses Gericht, für das Esau angeblich sein Erstgeburtsrecht verkaufte, existiert in vielen Varianten – was aufgrund seiner nahezu 3 500 Jahre währenden Geschichte verständlich ist. Es ist nicht nur in Israel sehr beliebt, sondern gehört im gesamten nordafrikanischen, arabischen und osteuropäischen Raum zu den Standardmahlzeiten.

für 8 Personen oder 2 Tage

500 g rote Linsen
500 g Rind-, Kalb-, Ziegen- oder Hammelfleisch
5 Zwiebeln
150 g Hühnerfett
2 Stangen Sellerie
2 Möhren
1 weiße Rübe
3 Tomaten
schwarzer Pfeffer
2 TL Salz
1 TL geriebene Muskatnuss
gehackte Schnittpetersilie

Wenn statt roter Linsen braune verwendet werden, diese mehrere Stunden einweichen.
Das Fleisch würfeln, die Zwiebeln in halbe Ringe schneiden.
In einer Pfanne das Hühnerfett auslassen und die Ringe zweier Zwiebeln darin andünsten. Das Fleisch zugeben und bei mittlerer Hitze schmoren.
Sellerie, Möhren und Rübe fein hacken. Die Tomaten häuten und klein schneiden. Etwas Hühnerfett in eine Kasserolle schöpfen, restliche Zwiebelringe, Tomaten, Gemüse und Linsen beifügen. Mit Wasser gut bedecken, aufkochen, den Schaum abschöpfen. Bei mittlerer Hitze zugedeckt etwa 40 Min. sieden, bis die Linsen fast weich sind.

Das Fleisch dazugeben, mit Pfeffer, Salz und Muskat würzen. Zugedeckt weiterköcheln, bis alles gar ist, dabei gelegentlich umrühren. Vor dem Servieren mit Petersilie garnieren. Dazu wird ein frisches Fadenbrot gereicht.

Tabula (mit Brot)
Palästina: Ein erfrischender Salat als Hauptgericht

Der ›echte‹ *Tabula* wird im Libanon nicht mit altem Brot, sondern mit Bulgur bereitet, der vor der Verwendung ein wenig eingeweicht wird.

½ altes Brot
1 Salatgurke
6-8 Tomaten
Schnittpetersilie
4-5 Stängel großblättrige Minze
grüne oder schwarze Oliven
2 gehackte Zwiebeln
1-2 gehackte Knoblauchzehen
Olivenöl
2 Zitronen (Saft)
Pfeffer und Salz

Das Brot, welches tatsächlich alt sein sollte, in nicht zu große Brocken brechen. Gurke und Tomaten sehr klein schneiden, damit sie viel Feuchtigkeit abgeben können. Petersilie und Minze sehr fein hacken – wichtig ist hierbei, die marokkanische, großblättrige Minze zu verwenden statt der englischen, rundblättrigen. Alle Zutaten gut durchmischen und 10 Min. ziehen lassen, damit das Brot durchweichen kann.
Nach Belieben gestoßene Mandeln, Sonnenblumen- und Kürbiskerne hinzufügen.

Tschumak-Haschee
Ukraine: Ein deftiger Pilztopf

350 g Hirse
1 kg Champignons (braun oder weiß)
150 g geräucherter Bauchspeck
2 Zwiebeln
50 g Schweineschmalz
Salz
schwarzer Pfeffer
gehackte Minzeblätter

Die Hirse erst in warmem, dann in heißem Wasser waschen, abtropfen lassen. In einer Kasserolle gut ½ l Wasser zum Kochen bringen, die Hirse hineingeben und etwa 45 Min. halb gar kochen.
Währenddessen die Pilze waschen, putzen und grob hacken. Den Speck in schmale, dünne Streifen, die Zwiebeln in halbe Ringe schneiden. Den Backofen auf 180° C vorheizen.
Im Deckel der Kasserolle oder einer Pfanne das Schmalz erhitzen, Pilze und Speck 2-3 Min. darin andünsten. Die Zwiebelringe hinzufügen und 3 Min. mitdünsten. Die Mischung unter die halb gare Hirse heben, salzen, pfeffern und gut verrühren. Die Kasserolle ohne Deckel in den Ofen stellen und 45-60 Min. backen, bis das Gericht trocken und knusprig ist.
Mit Minze garniert servieren, bei Belieben auch Pfefferminztee zum Essen reichen.

Tschanachi
Georgien: Hammelschmortopf

600 g fettes Hammelfleisch
750-1000 g Kartoffeln
500 g Tomaten
5 Auberginen
5 grob gehackte Zwiebeln
1 EL fein gehacktes frisches Basilikum
2 EL fein gehackter frischer Koriander
Salz
schwarzer Pfeffer
½ TL Paprikapulver
200 ml Tomatensaft
50 g Butter oder Hammeltalg

Fleisch mundgerecht zerteilen, salzen und in einen Römertopf legen. Die Kartoffeln schälen und ebenso wie die Tomaten vierteln, die Auberginen in etwa 1,5 cm dicke Scheiben schneiden. Alle Gemüse mit Kräutern und Gewürzen schichtweise auf das Fleisch legen. Nochmals salzen, Tomatensaft zugeben und die Butter in Flöckchen darauf verteilen. Den Topf fest verschließen und den Tschanachi im vorgeheizten Ofen bei gut 180° C 1½-2 Std. schmoren.

Man kann dem Gericht nach der halben Garzeit Reis beigeben; in diesem Fall nimmt man weniger Kartoffeln und Auberginen, aber etwas mehr Flüssigkeit. Die Butter oder der Hammeltalg können auch durch Oliven- oder Walnussöl ersetzt werden.

Fazan po-gruzinski
Fasan auf georgische Art

1 Fasan
500 g Sultaninen
25 Walnüsse
4 Orangen (Saft)
grüner Tee
40-50 g Butter
1 Tasse Fleischbrühe
Salz

Den Vogel rupfen, ausnehmen, von Kopf und Füßen befreien, waschen und trockentupfen. In einen Topf legen, in den er gerade hineinpasst. Sultaninen und Walnüsse beifügen, Orangensaft zugießen und alles mit grünem Tee knapp bedecken. Die Butter in Flöckchen darauf setzen. Bei schwacher Hitze zugedeckt etwa 60 Min. garen.
Den Vogel herausnehmen und das Fleisch von den Knochen lösen. Die Fleischbrühe zum Bratenfond in den Topf gießen, aufkochen, mit Salz abschmecken. Die Fleischstücke zurückgeben und noch einmal kurz heiß werden lassen.
Serviert wird im Topf, in Begleitung eines deftigen Sauerteigbrotes. Das Gericht verdient es, für jeden Gast ein großes Roggenvollkornbrötchen zu backen, das noch leicht ofenwarm aufgetragen wird.
Wem das Jagd- oder Einkaufsglück nicht hold sein sollte, kann auf ein anderes Wildgeflügel zurückgreifen, etwa Perl- oder Moorhuhn. Frische Wildgeflügel sind jedoch nur im Herbst und Winter zu bekommen. Ein freundlicher Jäger oder Händler verkauft sie bereits gerupft und ausgenommen.

Chamin
Persien: Ein orientalisches Feuerwerk

Chamin oder *Hamin* ist das hebräische Wort für den in der Nacht zum Sabbat gekochten reichhaltigen Eintopf, vergleichbar mit dem aschkenasischen *Tscholent*. Die hier beschriebene, im gesamten Hinteren Orient beliebte ›parfümierte‹ Variante kann mit Rind, Lamm oder Geflügel zubereitet werden.

für 8 Personen

1 Brathuhn (1½-2 kg)
600 g Basmatireis
4 Tomaten
5 Kartoffeln
4 Möhren
500 g Kürbis
500 g Quitten
Öl
2 fein gehackte Zwiebeln
2 TL Salz
schwarzer Pfeffer
4 fein gehackte Knoblauchzehen
1 Zimtstange
4 Gewürznelken
gemahlener Kardamom
1 EL Rosenwasser
2 Eier

Reis waschen und abtropfen lassen. Die Tomaten vierteln, die Kartoffeln schälen und in Scheiben schneiden. Die Möhren in dünne Scheiben schneiden, den Kürbis würfeln. Die Quitten schälen, vierteln, in Scheiben schneiden.
In einer großen Kasserolle 3 EL Öl erhitzen und die Zwiebeln darin goldbraun anbraten. 50 g Reis zugeben und ebenfalls leicht anbraten. Die Tomaten beifügen, salzen und pfeffern. Das Huhn mit dieser Mi-

schung füllen, mit Hilfe eines Hölzchens verschließen. Das Öl in der Form belassen. Den Backofen auf 230° C vorheizen.

Eventuell weiteres Öl in die Kasserolle geben und diese mit den Kartoffeln gleichmäßig auslegen. Die Möhren darüber geben, das Huhn darauf legen, den Kürbis ringsum verteilen. Knoblauch und restlichen Reis zufügen, die Quitten darauf legen. Mit Zimt, Nelken und Kardamom würzen, nach Geschmack salzen und pfeffern, das Rosenwasser darüber träufeln. Die Eier verschlagen, mit ¼ l Wasser verrühren und über die Zutaten geben. Das Gericht mit Wasser bedecken und im Ofen zugedeckt 30 Min. schmoren.

Die Hitze auf etwa 100° C reduzieren und den Chamin weitere 8-10 Std. schmoren.

Tari Aloo
Indien: Kartoffeln in duftender Sauce

1½ kg Kartoffeln
1-2 grüne Chilis
2 EL frische Ingwerwurzel
leichtes Pflanzenöl
2 TL schwarze Senfkörner
2-3 EL halbe gelbe Erbsen
¼-½ TL Cayennepfeffer
1½ EL gemahlener Koriander
1 TL Kurkuma
½ TL Paprikapulver
grob gehackte Zwiebeln
2 TL Salz
2-3 TL Zitronensaft oder 1 EL Joghurt
gehackter frischer Koriander

Die Kartoffeln mit Schale kochen, pellen und in etwa 1 cm große Würfel schneiden. Die Chilis entkernen und in sehr feine Streifen schneiden, den Ingwer reiben.
Den Boden eines tiefen Topfes mit Öl bedecken, das Öl stark erhitzen. Die Senfkörner hineingeben und sofort einen Deckel auf den Topf legen, da die Körner beim Erhitzen springen. Sobald sie sich beruhigt und grau verfärbt haben, die Erbsen zugeben. Unter ständigem Rühren anbräunen und die Hitze reduzieren. Nun Ingwer und Chilis, dann die trockenen Gewürze zugeben. Nach etwa 10 Sek. Kartoffeln und Zwiebeln zufügen, 5-10 Min. anbraten. Mit Wasser aufgießen, salzen und aufkochen. Bei schwacher Hitze zugedeckt 15 Min. köcheln. Wenn die Kartoffeln gar sind, mit einem Stampfer einige in der Sauce zerdrücken. Den Zitronensaft unterrühren.
Tari Aloo sollte sehr heiß in Schälchen angerichtet werden, mit etwas Cayennepfeffer und frischem Koriander bestreut. Dazu passt ein frisches, mildes Graubrot oder Chapatis sowie Kräutertee oder ein Joghurtdrink.

Rasedar
Indien: Brahmanische Hochzeitssuppe

Die angegebenen Gemüse können nach Herzenslust – und Angebot – durch andere Sorten ausgetauscht werden, nur Kartoffeln sollten unbedingt hinein. Besonders gut eignen sich des Weiteren Broccoli, Paprika, Erbsen, Zucchini, frische Pilze und Mais. Die brahmanische Küche ist aus religiösen Gründen frei von Knoblauch und anderen zwiebelartigen Gewächsen.

1 kleiner Blumenkohl
die gleiche Menge grüne Bohnen
die gleiche Menge Kartoffeln
3-4 reife Tomaten oder ½ l Tomatenpüree
2 TL Kreuzkümmel
1 TL gemahlener Kreuzkümmel
2 EL gehackter frischer Koriander
1 TL Kurkuma
½-1 TL Cayennepfeffer
2 TL Salz
125 ml leichtes Pflanzenöl oder Usli Ghee (geklärte Butter)
3 EL gehackter frischer Koriander

Gemüse und Kartoffeln putzen und in löffeltaugliche Stücke schneiden. Die Tomaten fein hacken. Die Gewürze abmessen und getrennt voneinander bereitstellen.
In einem tiefen Topf das Öl erhitzen. Die folgenden Handgriffe müssen schnell und genau durchgeführt werden: Zuerst den Kreuzkümmel etwa 20 Sekunden braun rösten, dann gemahlenen Kreuzkümmel, Koriander, Kurkuma und Cayennepfeffer zugeben und umrühren. Jetzt Kartoffeln, Blumenkohl und Bohnen in den Topf geben und kurz anschmoren – die Gewürze dürfen nicht verbrennen! Anschließend die Masse mit den Tomaten ablöschen und noch etwas weiterschmoren. Nach etwa 5 Min. die Gemüse knapp mit Wasser bedecken. Die Suppe salzen, kurz aufkochen und bei schwacher Hitze gar ziehen lassen. Die Konsistenz sollte einer Minestrone gleichen.

Angerichtet wird in kleinen Schüsseln. Traditionsgemäß wird das Gericht mit 2-3 EL Öl übergossen, bevor der gehackte Koriander darüber gestreut wird.
Dazu passen frisch gebackene Weizenvollkornfladen oder Chapatis.

Ingwer-Huhn-Nudelsuppe
China: Ein Gericht nach den »fünf Elementen«

Die »fünf Elemente« sind als Grundlage der chinesischen Ernährungslehre ein fester Bestandteil der dortigen traditionellen Medizin. Das Gericht ist von seinen Zutaten und der Zubereitungsmethode her sehr ausgewogen – eine Wohltat nicht nur für den Gaumen, sondern für das gesamte Befinden.

1 großes Huhn oder Brathähnchen
¼ Sellerieknolle
4 Möhren
2 Stangen Porree
1 Hand voll frische Ingwerwurzel
5 Stangen Zitronengras
Pfeffer und Salz
1 Romanesco, Broccoli oder Blumenkohl
200 g Bambussprossen
½ kleiner Chinakohl
100 g Shiitake-Pilze
150 g Sojabohnensprossen
200 g chinesische Nudeln
grob gehackter frischer Koriander
Frühlingszwiebeln

Sellerie, 2 Möhren und 1 Stange Porree in grobe Stücke schneiden. Den Ingwer in dünne Scheiben schneiden, das Zitronengras (verwendet werden nur die unteren 10-15 cm) längs halbieren. Alles mit dem Huhn in einen tiefen Topf legen, sparsam salzen und pfeffern, knapp mit kaltem Wasser bedecken. Bei schwacher Hitze zugedeckt etwa 2 Std. köcheln.

Währenddessen den Romanesco in kleine Röschen zerteilen, restliche Möhren sowie Bambussprossen in streichholzdicke Stifte schneiden. Den Chinakohl und die zweite Stange Porree in feine Streifen, die Pilze in sehr feine Scheiben schneiden; die Sojabohnensprossen waschen. Wenn das Huhn gar ist, das Fleisch vom Knochen lösen und in mundgerechte Stücke zerteilen. Die Brühe abseihen und erneut leicht köcheln. Den Romanesco und die Sprossen zugeben, 5 Min. garen. Dann Möhrenstifte, Chinakohl, Porree, Pilze und Fleisch in die Brühe geben, alles weitere 3 Min. ziehen lassen.

Wann die Nudeln in den Topf gegeben werden, hängt von der Sorte ab: Manche brauchen 8, andere nur 2 Min. Kochzeit. Doch ganz gleich, ob dicke oder dünne, Reis- oder Weizennudeln, es sollten unbedingt chinesische sein!

Die Suppe sehr heiß servieren, mit Koriander und in feine Ringe geschnittenen Frühlingszwiebeln anrichten. Als Aperitif eignet sich ein leicht gekühlter Pflaumenwein.

Sha bao fan

China: Reis im Tontopf

Der generelle Unterschied zwischen westlichem und östlichem Tontopf-Kochen besteht nicht etwa nur in der Form (im Westen oval, in Asien rund): Bei uns wird der Topf meistens in den Ofen geschoben, im Osten werden die Gerichte hingegen auf dem Herd beziehungsweise über dem Feuer gegart. Deshalb braucht der Tontopf auch nicht, wie hierzulande gewohnt, gewässert zu werden.

450 g Reis
4 getrocknete Winterpilze
1 Hühnerbrustfilet
2 chinesische luftgetrocknete Würstchen
1 Schalotte

frische Ingwerwurzel (etwa 4 cm)
2 EL Pflanzenöl
1 EL Sesamöl
2 EL dunkle Sojasauce
½ TL Pfeffer
¼ TL Salz

Die Pilze waschen und einige Stunden einweichen.
Das Fleisch in mundgerechte Stücke zerteilen, die Würstchen schräg in dünne Scheiben, die Schalotte in Ringe schneiden. Den Ingwer reiben, etwas Wasser zugeben und die Masse ausdrücken, um 2 EL Ingwersaft zu erhalten.

Pflanzenöl erhitzen und die Schalotte darin bräunen, um das Öl zu aromatisieren. Herausnehmen und das Öl abkühlen lassen. Die Pilze aus dem Einweichwasser nehmen und ohne Stiele blättrig schneiden. Huhn, Wurst und Pilze mit dem Sesam- und dem abgekühlten Bratöl, mit Sojasauce, Pfeffer, Salz und Ingwersaft gut vermischen und mindestens 30 Min. marinieren.

Den Reis in einen Tontopf geben. Wasser aufgießen, bis der Reis etwa 2 cm bedeckt ist, und zum Kochen bringen. Nach 5 Min. die marinierten Zutaten beifügen und alles bei schwacher Hitze etwa 30 Min. köcheln, bis der Reis gar ist.

Poo won sen
Thailand: Krebs und Garnelen auf Glasnudeln im Tontopf

Diese verführerische Köstlichkeit wird sowohl auf thailändischen Fischmärkten und in Gartenlokalen als auch in Schnellrestaurants angeboten.

1 ganzer Taschenkrebs (etwa 1 kg), vorzugsweise lebend
18 Riesengarnelen (etwa 250 g)
250 g Faden-Glasnudeln
1 kleine rote Chili
3 Frühlingszwiebeln
1 EL Pflanzenöl
4 Scheiben frischer Ingwer (je 1 cm)
3 gehackte Knoblauchzehen
500 g junger Pak-choy (Senfkohl, 10-13 cm) mit ganzen Blättern
½ TL schwarzer Pfeffer
grob gehackter frischer Koriander

für die Sauce:
125 ml Hühnerbrühe
1½ EL Sake oder trockener Sherry
2 EL Austernsauce
1 EL dunkle Sojasauce
1 EL Thai-Fischsauce
1 TL Sesamöl
½ TL Zucker

Den Taschenkrebs, so er noch lebt, mit einer langstieligen Zange in sprudelnd kochendes Wasser werfen. Wenn er nach etwa 1 Min. orange wird, herausnehmen und kalt abschrecken. Ein vorgekocht erworbenes Exemplar braucht lediglich unter kaltem Wasser abgespült zu werden. Danach Beine und Zangen ablösen und die Gelenke aufbrechen.
Alle Zutaten für die Sauce in einem Schälchen gut verrühren.
Die Nudeln 20 Min. in warmem Wasser einweichen und abtropfen las-

sen. Die Chili entkernen und in feine Streifen, die Frühlingszwiebeln in schmale Längsstreifen schneiden.

In einem chinesischen Tontopf oder einem anderen tiefen, schweren Topf das Öl erhitzen. Ingwerscheiben, Knoblauch, Chili, Frühlingszwiebeln und Pak-choy gleichmäßig darin verteilen. Die abgetropften Nudeln darüber legen. Wenn der Krebs lebend gekauft wurde, seine Teile nun auf die Nudeln geben. Mit etwas Pfeffer bestreuen und mit der Sauce übergießen. Alles aufkochen und zugedeckt etwa 5 Min. leise köcheln. Anschließend die geschälten Garnelen und – falls vorgekocht erworben – die Krebsteile hinzufügen, alles gut vermischen und weitere 5 Min. garen, bis die Garnelen leuchtend orange sind. Sehr heiß und mit Koriander garniert servieren.

Bakmie goreng
Indonesien: Gebratene Nudeln

Bakmie goreng und *Nasi goreng* sind – ähnlich wie die spanische Paella – klassische Reste-Eintöpfe. Die Zutaten dafür sind folglich nicht genau festzulegen und die Rezepte lediglich eine Anregung für eine Vielzahl von Variationen.

500 g dünne asiatische Eiernudeln
200 g Rindfleisch
10 Schalotten
2 Möhren
4 Kohlblätter
4 Tomaten
3 Knoblauchzehen
4 Lichtnüsse (Kandelnüsse)
4 EL Pflanzenöl
150 g Garnelen
200 g Sojasprossen
5 TL dunkle Sojasauce
5 gehackte Frühlingszwiebeln
frische Korianderblätter

Nudeln 5 Min. in sprudelndem Wasser kochen, dann kalt abschrecken und abtropfen lassen. Das Fleisch würfeln. Die Schalotten in feine Ringe, die Möhren in dünne Scheiben schneiden. Den Kohl grob hacken, die Tomaten häuten und fein würfeln. Halbierte Knoblauchzehen und Lichtnüsse im Mörser zu einer Paste verarbeiten.
Das Öl erhitzen und die Schalotten darin anbräunen. Knoblauchpaste sowie Fleisch zugeben und unter ständigem Rühren durchbraten. Die Garnelen auslösen und beifügen. Wenn sie hellrosa sind, Möhren und Kohl zugeben. Sobald die Gemüse halb gar sind, Nudeln und Sojasprossen unterrühren. Nach 4-5 Min. die Tomaten mit Sojasauce und Frühlingszwiebeln in den Topf geben, salzen und rühren, bis alles gut vermischt ist und die Nudeln heiß sind.
Mit Korianderblättern garnieren.

Nasi goreng
Indonesien: Gebratener Reis

500 g Reis
200 g frische grüne Bohnen
8-10 frische rote Chilis
8 gehackte Schalotten
2-3 Knoblauchzehen
6-7 EL Pflanzenöl
120-150 g getrocknete Anchovis ohne Köpfe
2 TL Salz

Den Reis kochen und abkühlen lassen – oder einen Rest vom Vortag verwenden. Die Bohnen in kleine Stücke schneiden, die Chilis entkernen. Chilis, Schalotten und halbierte Knoblauchzehen im Mörser zu einer Paste verarbeiten.
In einem Topf etwas Öl erhitzen und die Anchovis darin goldbraun anbraten. Herausnehmen und abtropfen lassen. Den Rest des Öls in den Topf geben und die Chilipaste darin erhitzen, bis sich die Aromen zu entfalten beginnen. Nun die Bohnen zugeben und unter Rühren schmoren. Wenn sie fast gar sind, den Reis untermischen und weiterrühren, bis er heiß ist. Zuletzt die gerösteten Anchovis beifügen und nach Geschmack salzen.

Steamboat
Singapur: Eine Art Fondue

Das *Steamboat* kommt eigentlich aus Nordchina und entstammt moslemischer Tradition. Es ist dem Fondue ähnlich, wobei statt Fett eine sehr kräftige, lange gekochte und gut reduzierte Hühnerbrühe verwendet wird. In Singapur hat sich das *Steamboat* als Vorabendmahlzeit des Neujahrsfestes etabliert, da es die Einheit und Harmonie der gemeinsam essenden Menschen symbolisiert.
Traditionell verwendet man einen speziellen, einer Rührkuchenform ähnelnden Topf. Man kann sich jedoch ohne weiteres mit jedem eisernen und nicht zu tiefen Topf behelfen, der auf einem Rechaud in der Mitte des Tisches steht.
Jede Person am Tisch hat einen kleinen Kescher aus Messingdraht an einem langen Stiel parat, um darin die in Schalen bereitstehenden Zutaten in die Brühe zu hängen. Die garen Zutaten werden mit Stäbchen aus einer Schale gegessen und mit den verschiedenen Dips kombiniert. Zum Schluss wird die Brühe aus den Schalen getrunken.

1½-2 l Hühnerbrühe

nach Geschmack und Personenzahl, jeweils frisch und roh:
Rinder-, Schweine- und Hühnerfleisch
Schweineleber
Tintenfisch
Fleischbällchen
Fisch-, Garnelen- und Tintenfischbällchen
Tofu und Tempeh (verschiedene Sorten)
Pilze
Herzmuscheln
Sprossen aller Art
diverse Gemüse, Kohlarten und Salate
Nudeln

als Dips:
Sojasauce

frische grüne Chilis
scharfe und süße Chilisauce
Senf
Eier

Die Zutaten entsprechend zurichten: Das Fleisch in dünne Scheiben, die Leber in Streifen und den Tintenfisch in Ringe schneiden. Tofu und Tempeh würfeln. Gemüse, Kohl und Salat in mundgerechte Stücke schneiden.
Die Dips vorbereiten: Sojasauce mit und ohne frische grüne Chilistreifen, scharfe und süße Chilisauce, Senf und rohes, gequirltes Ei.

Pho
Vietnam: Rindfleisch-Nudelsuppe aus Hanoi

Pho wird zu fast allen Gelegenheiten gekocht: In der häuslichen Küche sowie als Straßen-Fast-Food dient sie vom Frühstück bis zum Mitternachtsimbiss der alltäglichen Stärkung.

250 g Rindfleisch am Stück (mindestens 5 cm dick)
500 g Reis-Bandnudeln (mindestens ½ cm breit)
1 Gemüsezwiebel
2 kleine rote Chilis
2 Frühlingszwiebeln
30 g grob gehackte frische Korianderblätter
15 g grob gehackte Minze
nach Geschmack: Zitronenschnitze

für die Brühe:
1½ kg Ochsenschwanz in Stücken
1½ kg Rindfleisch
4 Schalotten
1 Gemüsezwiebel
3 Stücke frischer Ingwer (je 2,5 cm)

500 g chinesischer Rettich
3 Möhren
4 Sternanis
6 Gewürznelken
2 Zimtstangen
60 ml vietnamesische Fischsauce
Salz

Die Brühe eventuell am Vortag zubereiten: Das Fleisch in einem tiefen Topf mit 3½ l kaltem Wasser zum Kochen bringen. Währenddessen die ungeschälten Schalotten, die ungeschälte, halbierte Gemüsezwiebel und den Ingwer im Backofen oder auf dem Grill einige Minuten unter häufigem Wenden bräunen. Rettich und ungeschabte Möhren in etwa 5 cm große Stücke schneiden.

Wenn das Wasser kocht, eventuell entstehenden Schaum abschöpfen und das gegrillte Gemüse mit Rettich, Möhren, Anis, Nelken und Zimt zugeben. Bei schwacher Hitze im nur einen Spalt geöffneten Topf 3½ Std. köcheln. Anschließend die festen Zutaten entfernen, die Brühe durchseihen und abkühlen lassen, um das Fett abzuschöpfen. Mit Fischsauce und Salz abschmecken.

Das Fleisch für die Einlage etwa 60 Min. tiefkühlen, um es quer zur Faser in hauchdünne Scheiben schneiden zu können. Währenddessen die Reisnudeln 20 Min. in warmem Wasser einweichen; wenn sie biegsam sind, abtropfen lassen. Die Zwiebel in Ringe schneiden, die Chilis entkernen und in feinste Streifen schneiden.

Die Brühe noch einmal aufkochen und die Nudeln direkt vor dem Servieren etwa 1 Min. darin garen. In vorgewärmte Portionsschälchen erst die Nudeln und darauf ein paar Zwiebelringe, Frühlingszwiebeln, Rindfleisch und die Chilis geben. Mit der heißen Brühe übergießen, mit Koriander und Minze dekorieren. Nach Belieben Zitronensaft zugeben. Die Einlage wird mit Stäbchen gegessen, die Brühe aus der Schale getrunken.

Sukiyaki
Japanisches Fondue

Vom Fondue, wie wir es kennen, unterscheidet sich *Sukiyaki* dadurch, dass die Köchin für ihre Gäste den Topf auffüllt. Dabei ist zu beachten, dass alles im Topf einen eigenen Platz hat; die Zutaten liegen fein säuberlich voneinander getrennt. Des Weiteren ist nur wenig Brühe im Topf, so dass die Zutaten zum Teil oben herausragen.

für die Brühe:
2 EL Nierenfett vom Rind oder Pflanzenöl
400 ml Dashi (siehe unten) oder Instant-Dashi
4 EL Mirin
2 EL Sake
3 EL Zucker
5 EL Sojasauce

für das Dashi:
1 Streifen Kombu (etwa 15 cm), grob zerschnitten
30 g getrocknete Bonitoflocken

als Einlagen:
2 Zwiebeln
400 g Tofu
500 g Chinakohl
2 Stangen Porree
12 Shiitake-Pilze
300 g Rindfleisch

außerdem eignen sich:
Garnelen
Tintenfischringe
Fischstückchen
Kartoffeln und andere Gemüse

als Dips:
Sojasauce mit feinen Chilistreifen
japanischer Rettich, fein gerieben
verquirltes rohes Ei

Für das Dashi den Kombu in 1 l Wasser zum Kochen bringen. Kurz vor dem Aufkochen den Kombu herausfischen und die Bonitoflocken hineingeben. Wenn die Flocken im sprudelnden Wasser nach oben steigen, den Topf vom Herd nehmen und warten, bis sie wieder auf den Boden gesunken sind. Abseihen.

Die Einlagen vorbereiten: Die Zwiebeln in halbe Ringe und den Tofu in Würfel schneiden. Den Chinakohl halbiert und den Porree schräg in Scheiben schneiden. Die Pilze halbieren. Das Fleisch kurz anfrieren und hauchdünn aufschneiden.

Für die Brühe in einem nicht zu hohen Topf das Fett erhitzen. Dashi, Mirin, Sake, Zucker und Sojasauce zugeben und zum Köcheln bringen. Anschließend die Einlagen nacheinander – je nach Garzeit – in den Topf legen.

Wenn alles gemeinsam gar geworden ist, kann der Schmaus beginnen: Gegessen wird mit Stäbchen, wobei man die Zutaten mit den dicken Enden aus dem Topf fischt, auf dem Teller ablegt und sie nun mit den dünnen Enden zum Mund führt. Wenn der Topf halb leer ist, wird nachgefüllt.

Japanischer Lachstopf

Die Zutaten und Gewürze dieses Gerichtes sind auf den typischen Lachsgeschmack abgestimmt; er sollte also nicht durch einen anderen Fisch ersetzt werden.

500 g frischer Lachs in dicken Scheiben
Salz
5 Chicorée
4 Stangen Porree

100 g Möhren
250 g Rettich
200 g Tofu
1 Stück Konnyaku
1 Streifen Kombu (10 x 10 cm)
150 g rotes Miso
1 EL Zucker
2½ EL Mirin
1 Bund Stielmus
1 EL Sansho
1 EL Shichimi togarashi

Die Lachsscheiben enthäuten, in etwa 2 cm große Stücke teilen und leicht salzen. Den Chicorée längs halbieren, den Porree schräg in 5 cm breite Streifen schneiden. Möhren und Rettich in etwa 5 mm dicke Scheiben schneiden. Den Tofu in 2 cm große Würfel teilen. Das Konnyaku kurz vorkochen und in kleine Stücke, den Kombu in vier Streifen schneiden.

Einen tiefen Topf zu einem Drittel mit Wasser füllen, die Kombustreifen hineingeben und zum Kochen bringen. Kurz vor dem Aufkochen die Kombustreifen wieder herausfischen und das mit etwas Wasser angerührte Miso, Zucker und Mirin in den Sud rühren. Erneut kurz aufkochen, anschließend alle Zutaten bis auf das Stielmus hineingeben. Den Eintopf nur so lange kochen, dass die Zutaten noch bissfest sind. Zuletzt die gerupften Stielmusblätter unterheben, wobei die Stiele nicht verwendet werden.

In Schälchen servieren und am Tisch je nach Geschmack mit Sansho und Shichimi togarashi würzen.

Mit dem Topf durch die Wand!

15 Eintöpfe aus Chile, Argentinien,
Brasilien, Südamerika, Panama, Mexiko
und Nordamerika

Wir hatten inzwischen die größtmögliche Entfernung von der Reiseroute unseres Vorbilds Phileas Fogg erreicht und befanden uns in einer kaum mehr einzuholenden Verspätung. Und mit jedem der Wasserberge, die uns mal überrollten, mal in die Höhe katapultierten – von der wir übrigens eine vorzügliche Aussicht genossen, bis wir hernach wieder 30, 40 Meter in die Tiefe gerissen wurden –, verlor unser Gefährt einige seiner Bestandteile. Erstmals konnte ein vorzeitiges Ende unserer Reise nicht mehr gänzlich ausgeschlossen werden. Was unten und was oben war, spielte keine Rolle mehr, wenn das Floß an der Innenkehle einer haushohen Welle senkrecht hinabschoss, langsam wieder in die Waagerechte ging, am tiefsten Punkt des Tals kurz ruhte, als befänden wir uns auf einem Gondelteich mit Gartenwirtschaft und die Serviererin sagte gerade ihr obligatorisches »Draußen nur Kännchen«. Schon rasten wir abermals in die Höhe, hielten mit weißen Knöcheln unsere Aufzeichnungen fest und krallten uns an den schon erheblich lädierten Mast.

Als unser Floß hart auf eine Hand voll Felsen geschleudert wurde. Endlich Land! Es musste sich um die südlichste der Hermite-Islands handeln, die gemeinsam das legendäre Cabo de Hornos bildeten, an dessen Steinen seit Jahrhunderten eine Unzahl prächtigster Schiffe scheiterte. Auf den Klippen drängelten sich ganze Heerscharen verlorener Matrosenseelen und langweilten sich ein Loch in den nicht mehr vorhandenen Bauch. Sie waren natürlich sogleich an uns Neuankömmlingen interessiert, zudem wir das unsanfte Landemanöver ausnahmsweise lebend und recht gut überstanden hatten, da unser leichtes Floß gleich einem Tablett mit Getränken vom größten aller Kellner auf der Insel abgestellt worden war. Der Sturm verzog sich so plötzlich, wie er gekommen war, und sofort brach die Sonne durch die Wolken. Ina und ich saßen ermattet im spärlichen Gras. Sie blickte mich zweifelnd an.

»War das deine Idee, hier zu zerschellen?«

»Ganz und gar nicht. Aber manchmal passiert halt, was passieren muss. Und wenn du nicht auch ein wenig daran gedacht hättest, säßen wir jetzt nicht hier. Das sind eben die Geheimnisse der Imagination. Und was brühen wir nun daraus?«

Noch befanden wir uns auf chilenischem Gebiet und so entschieden wir uns für eine *Cazuela de Vaca*, wie wir sie auch bekommen hätten, wenn wir friedlich in den Hafen von Valparaiso gedümpelt wären. Charakteristisch an diesem Topf ist eindeutig der Kürbis und die Größe, in der manche Zutaten belassen werden – im Gegensatz zu vielen anderen Gemüsetöpfen. Das Teilen des Fleisches und das Zurichten der Gemüse ist ein Thema, mit dem jeder Eintopfkoch im Laufe seiner Studien auf jeden Fall experimentieren sollte, denn schnell schleicht sich dort die Gewohnheit ein, allzu kleinteilig und löffelfertig zu arbeiten. Es spricht wenig dagegen, einen Topf wie diese *Cazuela* mit Messer und Gabel zu servieren und die Zutaten in ihrem Volumen und der Konsistenz miteinander spielen zu lassen. Eine Faustregel dafür kann es kaum geben, wobei sich im Einzelfall die Kochzeit ein wenig ändern mag.

Als zweites chilenisches Gericht wählten wir den *Anguila al curry*, einen Topf, der wie bereits vor einigen Stunden in Venedig Reis und Aal kombiniert und doch ganz anders schmeckt. Er steht beispielhaft für die Relativität lokaler Gerichte rund um die Welt, wobei sich nicht mehr feststellen lässt, ob das Rezept einst durch irgendeinen Smutje von hier nach dort gelangte oder ob die Töpfe unabhängig voneinander entstanden. Der Aal tut uns hierbei den Gefallen, fast überall auf der Welt zu Hause zu sein und zugleich nirgends. Denn geboren wird er im atlantischen Sargasso-Meer, wohin er zum Laichen und Sterben auch zurückkehrt, mit einigen dankenswerten Ausnahmen. Das auf einem relativ kleinen Gebiet stattfindende Hochzeitsfest der internationalen Aale – frei nach der Devise ›Live global act local‹ – ist eines der großen unaufgedeckten Geheimnisse der Tiefsee, was mit zu dem zweifelhaften Ruf dieses eigenartigen, köstlichen und so unbequem zuzurichtenden Fisches beitragen mag.

Ina schob die Reste unseres Floßes ins Wasser und gemahnte mich zum Aufbruch. Hastig umpaddelten wir Feuerland und hievten uns an der argentinischen Küste entlang weiter. Allerorten wurden wir von den weltbesten Rindern auf das Freudigste begrüßt, was uns dazu bewog, aus diesem Land einen fleischlosen Topf mitzunehmen, der schlicht *Puchero Argentina* heißt und mit der Kombination von Linsen, Kohl und Kichererbsen überzeugt.

Nachdem wir das jämmerliche Restgebilde unseres einst so stolzen Floßes auf einem unbedeutend kleinen Riff zersplittern ließen, schlugen wir uns auf dem Landweg nach Brasilien durch. Die Hochländer des Mato Grosso stellten nach den vergangenen Abenteuern kein großes Problem mehr da; leichtfüßig erreichten wir die lichten Wäldchen am Amazonas. Hier wartete der *Peixe à Brasileira* auf uns, ein Fischtopf mit mediterranem Charakter, der sich mit jeglicher Sorte halbwegs festen Fischfilets hervorragend bereiten lässt. Einen ganz anderen Akzent setzt die *Carbonada Criolla*, ein Rindfleischragout mit Mais und Früchten.

Aus Panama … – ich schaute mich um, wo Ina schon wieder blieb. Sie war nicht mehr hinter mir. Ich eilte ein Stück zurück und fand sie in einer misslichen Situation. Von Nord nach Süd hatten wir den Äquator auf dem Pazifischen Ozean überquert, das heißt, wir hatten ihn einfach auf einer sogar nur mäßig stürmischen Welle elegant überspringen können. In diesem unübersichtlichen, waldigen Gebiet war das hingegen schwieriger, und prompt war Ina in der Eile über ihn gestolpert und hatte sich fürchterlich in der etwas zu dünn und unscheinbar konzipierten Schnur verheddert. Kurzerhand kappte ich diese, befreite meine Küchenchefin aus den Verwicklungen und knotete die Enden schnell wieder zusammen. Ohne Pause ging es weiter.

Aus Panama nahmen wir den *Sancocho de Pollo* mit auf die Reise, ein Nationalgericht mit Huhn. Und nach einem kleinen zentralamerikanischen Balanceakt ein wenig außer Atem in Mexiko angelangt stießen wir, nicht ganz unerwartet, auf einen Eintopfklassiker der Alten Welt, den *Zimmes* in einer ganz ungewohnten, tropischen Variante mit Mango, Bataten und Kidney-Bohnen. Von der schärferen Art ist ebenfalls das auch hierzulande schon zu den Standards zählende *Chili con Carne*, der ewige Partyerfolg, für den jeder Gastgeber sein ganz eigenes, höchst geheimes und natürlich einzig gültiges Rezept entwickelt hat. Am Ufer des Rio Grande machten wir Halt und erholten uns bei einem *Arroz con Pollo*, einem ebenfalls klassisch-einfachen Tex-Mex-Hähnchengericht.

Auf den Rücken uns freundlich gesonnener Rinder überquerten wir den Fluss und betraten nordamerikanisches Gebiet, das Land der unbegrenzten Eintopfmöglichkeiten, in dem sich die Kochgewohnheiten von Einwanderern aus fast allen europäischen Ländern verbreiteten und mit den Generationen ganz eigene Kulturen entwickelten. Wenn man sich nicht damit beschäftigt, gilt die amerikanische Küche als wenig reizvoll und wird hierzulande hauptsächlich als industrialisierte Angelegenheit betrachtet, die als Fast-Food die Alte Welt eroberte. Doch lohnt es sich allemal, die zahlreichen Klischees Nordamerikas zu überspringen, die ungewöhnlich vielfältigen Kochbücher der Länder dieses Kontinents zu durchblättern und die Vermengung ethnisch bedingter Vorlieben und Gewohnheiten wie auch das Entstehen ganz eigener neuer Standards schätzen zu lernen.

Ina war während meiner Ausführungen ein wenig eingenickt; ich startete den Chevy, und während wir auf den staubigen Highways gen Norden rollten, ertönte aus dem Radio wieder und wieder Hank Williams' Smash-Hit ›Jambalaya‹, benannt nach einem kreolischen Reistopf, dessen Grundrezept ausgesprochen einfach daherkommt, aber von jedem Selfmademan durch experimentellen Wagemut immer wieder aufs Neue zum Abenteuer werden kann.

Langsam rollten wir von Horizont zu Horizont, und als die Sonne sich bereitmachte eindrucksvoll zu erröten, hatten wir den *Kentucky Burgoo* und die *Barley Casserole* aufgesammelt – Letzteres ein einfacher, aber überzeugender Graupentopf. Kurz vor New York bogen wir an die Atlantikküste ab, an der man den *Chowder*, den gewaltigen, hier bereits vor der europäischen Einwanderung bekannten Fischtopf mit atlantischem Kabeljau, seit dem 19. Jahrhundert gerne als besonderes gesellschaftliches Ereignis pflegt.

Gemeinhin unternahmen ein Dutzend oder mehr Personen vormittags eine gepflegte Segeltour, um hernach an Bord oder am Strand die Beute des Fischzugs mitsamt den Zutaten in einen großen Topf zu schichten und über dem Feuer zu garen. Auch der ursprünglich vielfach improvisiert zusammengesetzte *Chowder* taucht heute in verschiedensten Variationen auf, die exakte Mengenangaben vorschreiben. Man kann ihn das erste Mal durchaus nach einer solchen Vorlage bereiten, sollte sich aber das Vergnügen der eigenen Kreation nicht entgehen lassen. So ist es beispielsweise nicht zwingend, Filets zu verwenden; ist der Topf und die Menge groß genug, eignen sich auch größere Stücke mitsamt Haut, und selbst der Kopf kann nach Belieben mitgegart werden. Milch, Speck und Zwieback sind obligatorisch, Zutaten wie Pflaumen und Zwiebeln sind es nicht.

In New York gabelten wir noch schnell, als wir uns in Chinatown verliefen, das nicht etwa in China, sondern dazulande erfundene Grundrezept des *Chop Suey* für unsere Sammlung auf, dessen klangvoller Name übersetzt schlicht ›Gemischte Reste‹ heißt. Der Name fordert geradezu heraus, das eigentliche Rezept baldmöglichst zu vergessen. Endlich am Flughafen angelangt, gab uns noch ein Leichtmatrose die legendären *Boston Baked Beans* mit auf den Weg, die man vor solch langen Flügen besser nicht zu sich nehmen sollte. Und schon verließen wir den amerikanischen Kontinent und machten uns auf die letzte Etappe unserer eigentümlichen Reise.

Cazuela de Vaca
Chile: Cazuela mit Rind

Cazuela wird von allen Bevölkerungsschichten gern gegessen: von den wohlhabenderen Familien als Vorspeise und ansonsten als Hauptmahlzeit. Traditionell wird zuerst die Brühe der *Cazuela* aus Schalen getrunken, bevor die festen Bestandteile auf Teller verteilt werden. Varianten gibt es mit anderen Fleischsorten, mit Lamm oder Geflügel.

für 8 Personen

1 kg Rinderbrust
1 kg Kürbis
8 mittelgroße Kartoffeln
2 Maiskolben
250 g grüne Bohnen
1 rote Paprika
1 Möhre
Olivenöl
1 fein gehackte Zwiebel
Salz
½ TL weißer Pfeffer
Origano
1 Bund Schnittpetersilie
2 EL Reis
2 Tassen Milch

Rinderbrust und Kürbis in je acht Stücke zerteilen. Die Kartoffeln schälen, die Maiskolben in je vier Stücke schneiden. Die Bohnen längs (!) teilen. Die Paprika halbieren und entkernen, das weiße Fruchtfleisch entfernen, die Schote fein hacken. Die eine Hälfte der Möhre reiben, die andere in dünne Scheiben hobeln.
In einem Topf wenig Öl erhitzen und die Fleischstücke darin goldbraun anbraten. Herausnehmen, dann Zwiebel und geriebene Möhre hineingeben und leicht anbräunen. Das Fleisch zurück in den Topf geben und mit etwas Salz, Pfeffer und einer Prise Origano gut vermi-

schen. Die Möhrenscheiben mit Paprika und Petersilie beifügen. Mit 8 Tassen Wasser auffüllen, umrühren und 30 Min. kochen.
Den gewaschenen Reis, Mais, Kartoffeln und Kürbis zugeben und weitere 20 Min. kochen. Zuletzt Bohnen und Milch hinzufügen. Den Topf vom Herd nehmen und 10 Min. ziehen lassen. Eventuell nachsalzen.
Dazu kann man einen Salat aus Gurken und Tomaten servieren.

Anguila al curry
Chile: Aalcurry

500 g frischer Aal
½ l Weißwein (weich, frisch)
2 Lorbeerblätter
3 Gewürznelken
6 Wacholderbeeren
2 Tassen Reis
Butter
Salz
3 TL Curry
1 Bund Dill, fein gehackt

Den Aal sorgfältig säubern und als Ganzes in Wein mit Lorbeerblättern, Nelken und Wacholderbeeren bei sehr schwacher Hitze 10 Min. sieden. Danach den Sud durchseihen.
Den Reis in etwas Butter anrösten, mit dem Sud auffüllen und 10 Min. köcheln.
Den abgekühlten Aal häuten: Die Haut hinter dem Kopf vorsichtig ringsum einschneiden und vom Fleisch lösen. Nun kann man sie leicht mit einem Tuch greifen und in einem Stück nach hinten abziehen. Die Filets vom Rücken her von der Mittelgräte lösen und in etwa 3 cm lange Stücke schneiden.
Wenn der Reis gar ist – wobei der Sud noch nicht vollständig aufgesogen sein sollte –, etwas Salz, Curry, Dill und die Aalstücke vorsichtig unterheben und weitere 10 Min. garen.
Dazu trinkt man natürlich Weißwein.

Puchero Argentina
Argentinien: Vegetarischer Topf mit scharfer Sauce

100 g Kichererbsen
50 g halbe rote Linsen
50 g grüne Linsen
800 g kleine Kartoffeln (am besten Drillinge)
300 g Weißkohl
3 Tomaten
2 Paprika (rot und gelb)
Olivenöl
2 gehackte Zwiebeln
150 g pürierte Tomaten
2 zerdrückte Knoblauchzehen
1 TL Oregano
¼-½ TL Cayennepfeffer
schwarzer Pfeffer
Salz
gehackte Schnittpetersilie

für die Sauce:
10 Tomaten
2 rote Paprika
1 Chili
2 Zwiebeln
1 Knoblauchzehe
Salz
schwarzer Pfeffer

Kichererbsen und Linsen einige Stunden einweichen.
Die Drillinge bürsten und mit Schale kochen. Den Weißkohl grob würfeln, die Tomaten häuten und achteln. Die Paprika halbieren und entkernen, das weiße Fruchtfleisch entfernen, die Schote grob hacken. Den Boden eines Topfes mit Öl gut bedecken, das Öl stark erhitzen. Nacheinander Zwiebeln, Paprika, Kohl, alle weiteren Zutaten und zuletzt die Kartoffeln hineingeben, mit wenig Wasser angießen und re-

gelmäßig umrühren. Je nachdem, wie viel Flüssigkeit die Gemüse abgeben, gelegentlich wenig Wasser nachgießen. Die Kochzeit richtet sich nach den Linsen und beträgt etwa 20-30 Min.
Mit Pfeffer und Salz abschmecken, mit Petersilie bestreuen.
Für die kalte, scharfe Sauce, die traditionell zu diesem Gericht gehört, sämtliche Zutaten einfach im Mixer pürieren.

Peixe à Brasileira
Brasilien: Ein Fischtopf

1 kg Fischfilets (Rotbarsch, Kabeljau)
1 Zitrone (Saft)
200 ml trockener Weißwein
6 Kartoffeln
8 Zwiebeln
5 Tomaten
Olivenöl

für die Marinade:
2 Zitronen (Saft)
2 zerdrückte Knoblauchzehen
1 Bund Cheiro verde (Bouquet garni aus Schnittpetersilie,
Schnittlauch, Koriander und grüner Minze), gehackt
1 Messerspitze gemahlener Kreuzkümmel
1 EL Salz
1 TL schwarzer Pfeffer

Für die Marinade alle Zutaten miteinander vermischen.
Die Fischfilets kurz abspülen und mit Zitronensaft beträufeln. Mit der Marinade einreiben und abgedeckt etwa 2 Std. ziehen lassen. Mit 100 ml Wein begießen und weitere 60 Min. ziehen lassen, bis die Flüssigkeit fast aufgesogen ist.
Die Kartoffeln schälen und vierteln, die Zwiebeln in Ringe schneiden, die Tomaten häuten.

In einem Bräter Öl erhitzen, Zwiebeln und Tomaten darin andünsten. Die Filets vorsichtig hineingeben und von beiden Seiten kurz anbraten, dann den restlichen Wein angießen. Die Kartoffeln zufügen und alles knapp mit Wasser bedecken. Zugedeckt etwa 25 Min. schmoren, bis die Kartoffeln gar sind.
Sofort im Bräter servieren. Dazu passt ein helles Graubrot und, auch wenn es ungewöhnlich klingt, ein nicht zu schwerer Rotwein.

Carbonada Criolla
Südamerika: Kreolisches Ragout

750 g Rindfleisch
400 g Kartoffeln
2 Tomaten
1 Möhre
Öl
2 gehackte Zwiebeln
2 Knoblauchzehen
1 TL gerebelter Thymian
Pfeffer und Salz
½ Tasse Maiskörner
1 l Rinderbrühe
1 kleine Zuckermelone
1 Pfirsich
1 Apfel
50 g Backpflaumen

Fleisch in nicht zu große Würfel schneiden. Die Kartoffeln schälen und würfeln, die Tomaten häuten und vierteln, die Möhre hacken. In einer Kasserolle Öl erhitzen, Zwiebeln und zerdrückten Knoblauch darin andünsten. Das Fleisch zugeben und anbraten. Tomaten und Thymian beifügen, mit Salz und Pfeffer würzen, alles unter Rühren etwas schmoren. Maiskörner, Möhre, Kartoffeln und Brühe dazugeben, aufkochen und etwa 30 Min. kochen.

Währenddessen die Melone in Scheiben und diese in Viertel schneiden, den Pfirsich vierteln und den Apfel in halbe Ringe schneiden. Die Früchte auf das Gericht geben und alles bei schwacher Hitze zugedeckt weitere 20 Min. schmoren, dabei nicht mehr umrühren.
In der Kasserolle anrichten, die Früchte beim Servieren untermischen.

Sancocho de Pollo
Panama: Ein Hühnertopf

1 Brathähnchen
800 g Yams
1 getrocknete Chili
3 Knoblauchzehen
2 l Hühnerbrühe
1 grob gehackte Gemüsezwiebel
1 EL Curry
2 EL gerebelter Thymian
½ TL Salz
2 Maiskolben
gehackter frischer Koriander

Das Hähnchen waschen und in mindestens acht Stücke zerlegen. Den Yams schälen. Chili mit Knoblauch und etwa 200 g Yams pürieren. Den restlichen Yams in etwa 2 cm große Stücke, die Maiskolben in je fünf Stücke schneiden.
Die Hühnerbrühe zum Kochen bringen, Püree und Yamsstücke hinzufügen und etwa 20 Min. kochen.
Zwiebel und Hähnchenkeulen hineingeben, weitere 10 Min. kochen. Nun Gewürze, Maiskörner und restliche Hähnchenteile in den Topf geben. Vorsichtig umrühren und nochmals 10-15 Min. köcheln. Länger sollte das Sancocho nicht auf dem Herd bleiben, da der Yams sonst verkocht.
Serviert wird der Sancocho sehr heiß in flachen Schalen, mit Koriander bestreut. Dazu wird helles Brot gereicht.

Mexikanischer Zimmes
Mexiko: Der jüdische Klassiker in der Neuen Welt

800 g Rinderbrust
2 EL Mehl
2 Zwiebeln
500 g Tomaten
1 große Mango
4 EL Hühnerfett oder Öl
4 Knoblauchzehen
1 TL Salz
nach Geschmack: ½ TL Chilipulver
1 Zimtstange
2 Lorbeerblätter
3 EL Honig
3 Möhren
2 Bataten (Süßkartoffeln)
150 g Backpflaumen
1 Dose rote Kidney-Bohnen (425 g)
gehackter frischer Koriander

Fleisch waschen, trockentupfen und von beiden Seiten mit Mehl bestäuben. Die Zwiebeln in dünne Ringe schneiden, die Tomaten häuten und grob hacken, die Mango pürieren.

In einer großen Kasserolle 2 EL Hühnerfett auslassen und das Fleisch 5-7 Min. darin gut bräunen. Wenden und weitere 4-5 Min. braten. Herausnehmen und zur Seite stellen. Das restliche Fett mit den Zwiebelringen in die Form geben und anschmoren, bis die Zwiebeln Farbe annehmen. Zerdrückten Knoblauch hinzufügen. Tomaten, Mango und Salz dazugeben, ferner Chili, Zimt, Lorbeerblätter und Honig. Einige Minuten unter ständigem Rühren köcheln.

Das Fleisch wieder in die Kasserolle geben und knapp mit Wasser bedecken. Bei mittlerer Hitze zugedeckt 1½ Std. schmoren. Dabei gelegentlich nachschauen und bei Bedarf weiteres Wasser zugießen.

Währenddessen die Möhren in Scheiben schneiden und die Bataten würfeln. Mit Pflaumen und Bohnen beigeben, zugedeckt weitere 30 Min. schmoren.

Wenn das Gemüse gar und die Sauce noch zu flüssig ist, das Fleisch herausnehmen und die Sauce einige Minuten einkochen – sie sollte leicht dickflüssig sein. Fleisch und Gemüse vor dem Servieren mit Koriander bestreuen.

Arroz con Pollo
Mexiko/Texas: Huhn und Reis
Ein klassisches Gericht der Tex-Mex-Küche

1 Brathähnchen
50 g durchwachsener Speck
1 Paprika
1 Tomate
Olivenöl
2 gehackte Zwiebeln
2 gehackte Knoblauchzehen
1½ Tassen Reis
Safran
Pfeffer und Salz

Das Hähnchen in Stücke zerteilen, den Speck würfeln. Die Paprika halbieren und entkernen, das weiße Fruchtfleisch entfernen, die Schote in feine Würfel schneiden. Die Tomate häuten und klein schneiden.

In einem schweren Topf den Speck auslassen, herausnehmen. Das Fleisch in diesem Fett bräunen und ebenfalls herausnehmen. Etwas Öl in den Topf geben, Zwiebeln, Paprika und Knoblauch darin anbraten. Dann 3 Tassen Wasser, den Reis, die Tomate, den mit 1 EL Wasser verrührten Safran, Salz, Pfeffer sowie die Hähnchenstücke hinzugeben und alles bei schwacher Hitze zugedeckt etwa 60 Min. schmoren.

Chili con Carne
Mexiko: Rotes Pfefferfleisch

am Vortag beginnen

500 g weiße Bohnen
500 g durchwachsenes Rindfleisch (hohe Rippe, Brust)
500 g Schweinenacken
500 g Tomaten
2 Paprika
50 g Schweineschmalz
¼ l Brühe
1 grob gehackte Gemüsezwiebel
Öl
2 Knoblauchzehen
½ TL Kümmel
1 TL Chilipulver
Salz
2 EL Maismehl
3 Kästen Bier

Die Bohnen über Nacht einweichen.
Am nächsten Tag in einer Kasserolle mit frischem Salzwasser etwa 60 Min. kochen. Währenddessen das Fleisch würfeln, die Tomaten häuten und klein schneiden. Die Paprika halbieren und entkernen, das weiße Fruchtfleisch entfernen, die Schote fein hacken.
Im Deckel der Kasserolle oder einer Pfanne Schmalz erhitzen und das Fleisch darin scharf anbraten. Mit Brühe ablöschen und nach etwa 30 Min. Kochzeit den Bohnen beigeben. Nun im Deckel die Zwiebel in Öl kurz anrösten. Tomaten und Paprika beigeben. Zerdrückten Knoblauch und Gewürze hinzufügen und einige Minuten nicht zu heiß schmoren.
Die Mischung in die Kasserolle geben. Das Maismehl mit etwas Wasser anrühren und nach kurzem Quellen das Gericht damit binden. Salzen und alles 10-15 Min. köcheln.
Bei Bedarf nachwürzen. Viel Bier und ein helles Graubrot signalisieren bei diesem köstlich-scharfen Gericht die wahre Gastfreundschaft.

Jambalaya
Nordamerika: Kreolischer Reistopf

Das Schweinefleisch kann durch jede andere Fleischart, auch in gemischten, zueinander passenden Resten, ersetzt werden: Von Hartwurst und Schinken oder Geflügel bis zu Fisch und Krabben ist bei diesem Gericht nichts unmöglich.

400 g Schweinefleisch
2 Tassen Langkorn- oder Karolinareis
5 Tomaten
4 Zwiebeln
1 Paprika
Öl
2 Knoblauchzehen
¼ l Fleisch- oder Gemüsebrühe
1 TL gerebelter Majoran
nach Geschmack: Cayennepfeffer
Salz
1 Zitrone (Saft)

Den Reis gründlich waschen, in Salzwasser zum Kochen bringen und etwa 5 Min. kochen. Abgießen und abschrecken, zur Seite stellen. Das Fleisch würfeln. Die Tomaten häuten und vierteln, die Zwiebeln in Ringe schneiden. Die Paprika halbieren und entkernen, das weiße Fruchtfleisch entfernen, die Schote in Streifen schneiden.
Öl erhitzen und das Fleisch mit Zwiebelringen und zerdrücktem Knoblauch darin andünsten. Die Paprika zufügen und 10 Min. mitdünsten. Unter ständigem Rühren Tomaten, Reis, Brühe, Majoran und Cayennepfeffer zugeben und kochen, bis die Flüssigkeit aufgesogen ist. Abschließend nochmals gut vermengen, salzen und den Zitronensaft darüber geben.
Dazu wird gerne ein einfacher, erfrischender Salat gereicht.

Kentucky Burgoo
Nordamerika

1½ kg mageres Rind- und Schweinefleisch
1 Huhn
3 große Kartoffeln
3 Möhren
1 Paprika
¼ Weißkohl
3-4 Tomaten
2 Maiskolben oder 1 Dose Mais
gehackte Schnittpetersilie
Pfeffer und Salz
2 EL Worcestershiresauce

Die Fleischstücke und das Huhn unzerteilt in einen tiefen Topf legen, mit kaltem Wasser bedecken und zugedeckt 60-90 Min. gar kochen.
Währenddessen die Kartoffeln schälen und in grobe Würfel schneiden, die Möhren ebenfalls grob würfeln. Die Paprika halbieren und entkernen, das weiße Fruchtfleisch entfernen, die Schote grob hacken. Den Weißkohl klein schneiden, die Tomaten häuten und zerkleinern, die Maiskolben in je fünf Stücke schneiden.
Das gare Fleisch aus der Brühe nehmen und in mundgerechte Stücke zerteilen, das Huhn vom Knochen lösen. Mit Gemüse und Petersilie in die Brühe zurückgeben und ohne Deckel etwa 20 Min. köcheln. Mit Pfeffer, Salz und Worcestershiresauce abschmecken.
Ein frisches Maisbrot passt perfekt zu diesem bodenständigen, köstlichen Gericht.

Barley Casserole
Nordamerika: Ein einfacher Graupentopf

300 g Graupen
150 g Butter
250 g Champignons
1½ fein gehackte Gemüsezwiebeln
1 l Rinder- oder Hühnerbrühe
Salz
gehackte Schnittpetersilie

In einem Bräter etwas Butter zerlassen und die Pilze bei mittlerer Hitze darin anschmoren. Herausnehmen und zur Seite stellen. Die restliche Butter in die Form geben und erhitzen, bis sie nicht mehr schäumt. Die Zwiebeln darin glasig werden lassen, die Graupen beifügen und bei mittlerer Hitze goldbraun schmoren. Die Champignons untermischen, etwa 2 Tassen Brühe angießen und den Bräter zudecken. Im vorgeheizten Ofen bei 180° C etwa 30 Min. garen.
Erneut 2 Tassen Brühe angießen und weitere 30 Min. garen. Bei Bedarf weitere Brühe zugeben, salzen und mit Petersilie bestreuen.
Dazu ein frisches, kräftiges Graubrot servieren.

Chowder

Nordamerika: Ein gesellschaftlicher Kabeljautopf

für 10 Personen

2 kg Kabeljaufilets
1 Tasse getrocknete Mischpilze
250 g durchwachsener Speck
100 g fetter Speck
10 mittelgroße Kartoffeln
1 Stange Porree
3 Zwiebeln
Salz
1 TL schwarzer Pfeffer
2 Lorbeerblätter
3 Gewürznelken
¼ Sellerieknolle
¾ l Milch
¼ l saure Sahne
150 g Backpflaumen
8-10 harte Zwiebacke
gehackte Schnittpetersilie

Die Trockenpilze 30 Min. einweichen. Währenddessen die Fischfilets kurz abspülen, abtropfen lassen und salzen. Beide Specksorten in dünne Scheiben schneiden. Die Kartoffeln schälen und in dünne Scheiben, Porree und Zwiebeln in dünne Ringe schneiden.
In einem großen Bräter den Speck ausbraten, herausnehmen und zur Seite stellen. 2 Teile Wasser in die Form geben und mit einer Schicht Fisch den Boden bedecken. Die Hälfte der Kartoffeln darauf legen, mit 2 TL Salz, Pfeffer, Lorbeerblättern und Nelken würzen. Zwiebelringe, Porree und Pilze darüber geben, ebenso den geriebenen Sellerie. Das Pilzwasser durch ein Tuch in den Bräter geben. Den ausgelassenen durchwachsenen Speck auf dem Gericht verteilen. Den restlichen Fisch und zuletzt die restlichen Kartoffeln darüber schichten. Alle Zu-

taten mit Wasser bedecken, den Bräter zudecken, aufkochen und 20-25 Min. kochen.
Kochende Milch und saure Sahne hinzugeben, die Backpflaumen auf den Chowder legen und mit in kaltem Wasser eingeweichten Zwiebackstücken bedecken. Zugedeckt erneut aufkochen, weitere 5 Min. köcheln. Nach Geschmack mit Petersilie bestreuen.
Statt Filets kann man den Kabeljau auch am Stück kaufen und in nicht zu kleine Stücke teilen. Nach Belieben die Haut am Fleisch belassen.
Statt getrockneter Pilze können natürlich frische verwendet werden.

Chop Suey

Nordamerika: »Gemischte Reste«

Chop Suey, eine ›Erfindung‹ chinesischer Köche in den USA, ist ein typisches Restegericht und kann folglich mit allen möglichen Restpartien – von Fisch und Krabben bis zu sämtlichen Gemüsen – zubereitet werden. Wenn frisches Fleisch verwendet wird, dieses vor dem Braten 30 Min. mit Sojasauce und Zitronensaft marinieren und abtropfen lassen.

250 g Glasnudeln
250 g gegartes Schweinefleisch
250 g gegartes Hühnerfleisch
200 g Bambussprossen
200 g Sojabohnenkeime
250 g Porree
200 g Champignons
2 EL Mehl
Olivenöl
1 Tasse Brühe
1 Knoblauchzehe
½ EL geriebener Ingwer
Sojasauce
2 EL Sherry
Salz

Glasnudeln in Salzwasser garen. Fleisch, Bambussprossen, Sojabohnenkeime und Porree in dünne Streifen schneiden, die Champignons halbieren. Aus Mehl, Öl und Brühe eine Mehlschwitze bereiten. In einem Bräter Öl erhitzen, Fleisch und Gemüse nacheinander gar, aber nicht zu weich schmoren und im Deckel ablegen. Die Nudeln mit zerdrücktem Knoblauch und Ingwer ebenfalls kurz schmoren, Fleisch und Gemüse wieder hinzufügen. Etwas Sojasauce mit Sherry und der Mehlschwitze mischen, über das Gericht geben, gut durchrühren. Kurz durchziehen lassen und nach Belieben mit Salz abschmecken.

Boston Baked Beans
Nordamerika: Gebackene Bohnen

am Vortag beginnen

400 g weiße Bohnen
400 g durchwachsener geräucherter Speck
Öl
1 grob gehackte Zwiebel
schwarzer Pfeffer
Salz
2 Lorbeerblätter
4 EL Ahornsirup
4 EL Rohrzucker
2 EL Senf

Die Bohnen über Nacht einweichen.
Am nächsten Tag abgießen und in frischem Wasser bei mittlerer Hitze 30 Min. vorkochen. Erneut abgießen und zur Seite stellen. Den Speck in 1 cm dicke Scheiben schneiden. Den Backofen auf 180° C vorheizen.

In einem schweren Bräter Öl erhitzen, Speck und Zwiebel darin anbraten, herausnehmen. Die Hälfte der Bohnen in die Form geben, Speck und Zwiebeln darüber verteilen. Pfeffern und salzen, Lorbeerblätter und restliche Bohnen in den Bräter geben. Ahornsirup, 2 EL Rohrzucker und Senf in etwas heißem Wasser verrühren und über das Gericht gießen. Zugedeckt in den Ofen stellen und etwa 2½ Std. garen. Ab und zu die Bohnen etwas auflockern, eventuell wenig heißes Wasser nachgießen.

30 Min. vor Ende der Kochzeit den Deckel vom Topf nehmen und 2 EL Rohrzucker über das Gericht streuen. Weiterbacken, bis sich eine braune Kruste gebildet hat und die Flüssigkeit fast vollständig verdunstet ist.

Vor dem Servieren noch einmal pfeffern.

Zu viele Töpfe
verderben den Brei

11 Eintöpfe aus Schweden, Finnland,
von Saaremaa, aus Russland, Polen,
Dänemark und Deutschland

Als der Flieger seine Höhe erreicht hatte und ruhig über den Wolken nach Norden glitt, lehnten wir uns entspannt in die Sitze und genossen den großartig schwerelosen Moment. Unsere rasante Tour durch Süd-, Zentral- und Nordamerika hatte einige Kraft gekostet. Doch so gerne wir auch noch ein paar Minuten geblieben wären, so froh waren wir, in gut 25 Zentimetern zurück auf unserem alten Kontinent zu sein.

»Meinst du, wir haben genug außereuropäische Rezepte?«, fragte ich Ina etwas besorgt. »Alles andere wirft kein gutes Licht auf uns.«

Sie beruhigte mich. Natürlich hätte sich die erste Hälfte unserer Sammlung auf relativ überschaubarem Terrain abgespielt und zwischen den darauf folgenden Töpfen lägen gewaltige Entfernungen, aber der Sinn unserer ganzen Aktion sei schließlich nicht die präzise und ausführliche Darstellung ferner Kochkulturen, sondern das Aufzeigen gegenseitiger Durchdringung und Einflussnahme in dieser bereits seit Jahrtausenden durch Völkerwanderungen und kolonialistische Maß- und Landnahmen vernetzten Welt.

Und was unsere Wette anginge, so müsse eben jeder für sich selber das Experiment auf unbestimmte Zeit weiterführen, sofort nach dem großen Gelage wieder auf die Reise gehen. Inas Augen leuchteten vor Begeisterung.

»Und wie schon Goethe sagte: Man reist ja nicht, um anzukommen.«

»Ja, sicher, aber das muss man nicht gerade sagen, wenn man im

Flugzeug sitzt ... – Schau mal, da unten ist Grönland. Da bereitet man Eintöpfe auf ganz besondere Art zu: mit Kälte und Zeit! Ein Festmahl ist der Giviaq, den der Schriftsteller Peter Freuchen in den lange vergriffenen Aufzeichnungen seiner grönländischen Jugend beschreibt. Man fängt eine ordentlich im Futter stehende Robbe und zieht sie durch das Maul ab ohne das Fell zu durchlöchern, so dass der größte Teil des Specks in diesem glänzenden Fellsack verbleibt. Dann geht man auf einen Felsen, fängt einige Dutzend starengroße Vögel namens ›Seekönige‹ und steckt sie so, wie sie sind, in das Fell, das nun verschnürt und gut mit Steinen bedeckt wird, damit die Sonne es nicht bescheint und das Fett nicht ranzig wird. Einen Sommer lang bleibt der Sack im Depot; das Fett sickert zwischen die Vögel, welche im Frost ganz langsam gar faulen und hernach eine wunderbare Zartheit erlangen, auch wenn man sie noch halb gefroren isst. Als delikater gilt nur noch Qongulaq, eine ebenfalls im Fellsack ein ganzes Jahr lang mürbe gereifte Walrossleber.«

Ich blickte zu Ina, die schlagartig grün angelaufen war wie ebenjene Leber zum Zeitpunkt des Verzehrs, und wir entschieden uns kurz entschlossen für eine kleine Zwischenlandung auf Island. Die Rollbahn war gesäumt von gewaltigen in der Erde versenkten Töpfen, in denen es brodelte und zischte, dass es eine Freude war. Alle paar Minuten begann es ohrenbetäubend zu fauchen und eine in etwa rinderbouillonfarbene Fontäne schoss meterhoch in den Himmel. Ich überlegte noch, wie dieser großartige und publikumswirksame Effekt am heimischen Herd durch gesteuerten Druckaufbau mittels Käsekrusten oder anderen Deckmassen nachzukonstruieren sei, doch Ina meinte nur lakonisch, wer mit dem Teufel esse, müsse einen verdammt langen Löffel haben, und wir flüchteten vor dem schwefligen Dunst wieder in die Maschine, die unverzüglich abhob. Über Schweden sprangen wir mit dem Fallschirm ab.

Das erste Gericht, über das wir dort stolperten, war ein klassischer Seefahrertopf, der auf ähnliche Weise wohl in ganz Skandinavien bis hinunter zu unseren Küsten bekannt ist. Hier oben heißt er Bruna böner med fläsk, bei uns nennt man ihn schlicht Eisenbeton. Er besteht aus sauer abgeschmeckten Bohnen mit Speck, angedickt mit Mehlschwitze und mit Melasse gewürzt. Dieser Topf ist einer von denen, die kein Ende haben. Täglich wird er durch die hungrige Mannschaft reduziert und vom Smutje wieder mit allerlei eisernen Reserven aufgefüllt, wobei sich die Konsistenz wohl nach dem jeweiligen Seegang richten mag. Für unsere Liste wählten wir jedoch lieber ein anderes Gericht, dessen Name ungefähr so klingt wie mein heiß geliebter alter Kartoffeltopf, als er mir einmal die Kellertreppe hinunterfiel: *Älggryta med trattkantareller*, ein Topf vom Elch mit Eierschwämmen, Pilzen und Beerengelee.

In Finnland entschieden wir uns für ein aufregendes und ebenfalls wohlklingendes Eintopfpärchen, den *Kalalaatikko* und den *Sillilaatikko*. Beide beinhalten Kartoffeln und Hering, Ersterer wird mit Schweinenacken ergänzt. Hurtig ging es nun Richtung Süden; mit einem beherzten Sprung landeten wir auf der Insel Saaremaa vor der Rigaer Bucht, wo uns bereits ein köstliches *Dorschfilet mit Pilzen* erwartete. Ähnlich wie der *Chowder* wird es am besten in einen Gänsebräter geschichtet und mit einer dünnen Brotkrumendecke versehen; sein Geschmack ist etwas deftiger, aber auf andere Art auch sehr fein. Und da wir schon mal hier waren, machten wir noch eine kleine, nur etwa zentimeterlange Expedition nach Weißrussland hinein, um zumindest zwei auch bei uns sehr beliebte Gerichte mitzunehmen: Die *Soljanka mjasnaja* klingt ein wenig nach Suppe, ist aber von astreiner Eintopfkonsistenz, und auch unsere *Borschtsch*-Version ist nicht so dünnflüssig, wie man vielleicht denkt. Beide Töpfe haben im Grunde kein notierbares Rezept; die Mengen und ergänzende Zutaten variieren von Herd zu Herd und von einer Saison zur anderen. An ihnen kann man als Anfänger vorzüglich Ursache und Wirkung erforschen; empfohlen wird hierbei, die Gesamtmenge auf zwei Töpfe zu verteilen, um sie parallel in Variationen zu Ende zu kochen – zusammenschütten kann man sie am Ende schließlich immer noch. Ausgesprochen wichtig für diese Studien ist dabei die Zeit. Nur wer sich ein wenig davon nimmt, kann ausprobieren und reparieren, und bei allem nimmt einem der normale Eintopf eine verlängerte Kochzeit oder ein erneutes Erwärmen nicht weiter übel.

Auch in Polen griffen wir zu einem altbekannten, gehaltvollen und auf jedem Herd der Welt etwas anders schmeckenden Nationalgebilde namens *Bigos*, bei dem man schwer zu einer endgültigen Variante finden wird. Wenn es die Zeit erlaubt, sollte man diesen großen Topf über einen Zeitraum von zwei, drei Tagen komplettieren, bis sich die verschiedenen Geschmacksrichtungen perfekt aufeinander eingestellt haben.

Etwas schwindelig von den mehrmaligen Richtungswechseln unseres Endspurts bemühten wir beide uns um Konzentration. Denn so einfach sich der *Kopenhagener Erbseneintopf* anhörte, so schnell konnte er auch, wie jeder Erbsentopf der Welt, zu einer faden, gelbgrünen Spachtelmasse werden, in der sich die feinen Zutaten nicht mehr im Einzelnen identifizieren ließen. Und das wäre in diesem Fall besonders schade.

Nun waren wir nur noch wenige Millimeter von unserem Ziel entfernt und auch inhaltlich hatten wir keine großen Sprünge mehr vor. Unvermeidbar in der norddeutschen Region ist der berüchtigte *Labskaus*, ein graubraunes Seemannsgericht, das in seiner bescheidenen Grundversion alle technischen Eigenschaften des bereits erwähnten Eisenbetons vorweisen kann. Auch ihm wird nachgesagt, man habe Meuterer mit den Füßen im alternden Gericht einbetoniert, um sie hernach schnellstmöglich und unwiderruflich auf den Meeresgrund zu befördern. Auf dem Festland gibt es jedoch eine Reihe etwas reichhaltiger ausgestatteter Varianten, von denen keine Reste im Topf bleiben werden – sofern man den Gästen verschweigt, dass es sich eben um *Labskaus* gehandelt hat.

Dieses Los teilt das köstliche Gericht, dessen man sich eigentlich nicht im Geringsten zu schämen hat, mit einem anderen verrufenen Gemenge, dessen delikater Geschmack durch das Vorurteil des Trümmergerichts hierzulande viel zu selten zur Geltung kommt. Kaum füllt sich der Raum mit dem herrlich süßlichen Duft der gemeinen *Steckrübe*, begleitet von Sellerie, Muskat und Majoran, tragen die anwesenden älteren Damen plötzlich und wie von Geisterhand herbeigezaubert alte Kopftücher über ihren Dauerwellen und halten Ziegelsteine in den Händen, auf denen sie mit kleinen Hämmerchen herumklopfen.

Ausgeschenkt wird zu dieser kollektiven Erinnerung an schwere Tage Schwarzmarktalkohol aus geplünderten Präparaten des in Schutt und Asche liegenden Naturkundemuseums, und als Nachspeise gibt es Bubble Gum und Luckys ohne Filter. Nein, diesen Ruf als deutscher Schicksalstopf jahrzehntelang zu behalten hat jenes köstliche und durchaus günstige Großfamiliengericht sicher nicht verdient. Aber da wir gerade von Nachtisch sprachen, schrieb ich schnell auch noch den legendären *Jan im Sack* auf unsere Liste, einen niederdeutschen Graupentopf mit Pflaumen und Rosinen, der Hauptmahlzeit und Dessert in einem ist, sozusagen ein Nachtisch seiner selbst.

Ina bremste mich abrupt, denn sie hatte währenddessen begonnen die Ergebnisse unserer Reise zusammenzuzählen. *Jan* hatte keine Chance mehr, als mir in letzter Sekunde war, als hörte ich eine Kutsche vor dem Haus, deren Pferde ihre Hufe in einem mörderischen Galopp auf das Pflaster prasseln ließen. Denn schließlich ging es in ihrem Fall um die stattliche Summe von 20 000 Pfund. Und wenn der von uns zwischendurch leider aus den Augen verlorene Phileas Fogg Esq. und sein treuer Diener Passepartout sich am Ende ihrer Reise – in 79 Tagen vor genau 128 Jahren – um einen Tag verrechnet hatten, da ihnen der Zeitgewinn bei ostwärts gerichteter Überschreitung der Datumsgrenze entgangen war, so hätten auch wir, da bei unserer Reise nicht die Lokalzeit der Daheimgebliebenen zählte, sondern die Summe der auf der Erdumrundung eingesammelten Gerichte, durch eine unachtsame Streichung des 81. Rezeptes die Wette beinahe noch verloren.

Eine ganze Weile saßen Ina und ich stumm am Tisch, blickten auf die Welt und auf die Spuren, die unsere Reise auf der Karte hinterlassen hatte. Ina legte ihre Stirn in Falten und dachte laut nach.

»Wenn ich die Sache mit der Zeit richtig verstanden habe, müsste sich doch die Strecke der Erdumkreisung mit den davonfließenden Minuten in Proportionen setzen lassen. Gesetzt den Fall, ein Flugzeug mit der Möglichkeit zur mehrfachen Schallgeschwindigkeit hätte eine tatsächliche Küche an Bord und würde, auch wenn es zugegebenermaßen nicht sinnvoll wäre, die Fluggäste mit einer frisch zubereiteten warmen Mahlzeit bewirten – dann wären bei einem Flug in östlicher Richtung die Kartoffeln also gar, bevor sie aufgesetzt worden wären … man müsste sie abgießen, bevor man sie ins Wasser tut. Sie wären am Ende gar schon gegessen, bevor – irgendetwas stimmt mit dieser Welt doch nicht. Entfernung ist schon eine eigenartige Erfindung.«

Geistesabwesend stand sie auf, nahm die Dose mit *Pichelsteiner* aus dem Regal, öffnete sie, leerte sie in einen Topf und stellte die Herdplatte an.

Ich stand auf und begann den Tisch für uns zu decken.

»Hermann von Keyserling hatte absolut Recht, als er sagte: ›Der kürzeste Weg zu sich selbst führt um die Welt.‹ Und Jules Verne lässt in seinem Buch ›Von der Erde zum Mond‹ den Protagonisten auf einer Versammlung behaupten: ›»Entfernung ist bloß ein leeres Wort. Es gibt keine Entfernung.‹ (Minutenlange Zwischenrufe: Gut gesprochen!, Die Entfernung ist tot – es lebe der feste Körper!, Körper, Hurra!, Nieder mit der Entfernung!; Wie bitte? Was sagt er? Wir sind so weit weg und können nicht alles verstehen!)‹«

Wir aßen den *Pichelsteiner* halb warm und so blass und ungewürzt, wie er vor vielleicht acht Jahren in die Weißblechdose geraten war. Vor unseren Augen drehte sich alles angesichts der gewaltigen Themen, die eine kleine leichtfertige Wette ausgelöst hatte.

Älggryta med trattkantareller
Schweden: Elchtopf mit Eierschwämmen

1 kg Elchfleisch
200 g durchwachsener Bauchspeck
300 g Pfifferlinge
2 Möhren
150 g Butter
2 gehackte Zwiebeln
1 Lorbeerblatt
5 Wacholderbeeren
Pfeffer und Salz
1-2 EL Sojasauce
200 ml Rotwein
100 ml Sahne
gehackte Schnittpetersilie
schwedischer Vogelbeergelee oder Preiselbeeren

Das Fleisch in mundgerechte Stücke, den Speck in feine Würfel schneiden. Die Pilze putzen, die Möhren würfeln.
In einer Kasserolle 2-3 EL Butter zerlassen und das Fleisch darin anbräunen. Zwiebeln, Speck und Möhren zugeben und etwas andünsten. Lorbeerblatt, Wacholderbeeren, Salz, Pfeffer sowie Sojasauce zufügen und alles mit Wein ablöschen. Die Zutaten knapp mit Wasser bedecken und zugedeckt 60 Min. kochen.
Die Sahne angießen und alles weitere 10 Min. köcheln. Währenddessen im Deckel der Kasserolle oder einer Pfanne die restliche Butter zerlassen, die Pilze darin andünsten und in den Topf geben.
Mit Petersilie und Vogelbeergelee servieren.
Ein ähnliches Gericht wird mit Rentierfleisch zubereitet, welches einen völlig anderen Geschmack entwickelt. Bezüglich des Vogelbeergelees sei darauf hingewiesen, dass er nichts mit unseren – giftigen – Vogelbeeren zu tun hat.

Kalalaatikko
Finnland: Schweinstopf mit Heringen

4 Scheiben vom Schweinenacken (je 150 g)
2 grüne Heringe
4 große Kartoffeln
Pfeffer und Salz
4 Zwiebeln
150 g Butter
100 ml Weißwein
50 g Paniermehl
50 g Hartkäse

Kartoffeln kochen, abgießen, schälen und in dünne Scheiben schneiden. Das Fleisch weich klopfen, salzen, pfeffern und anbraten. Die Heringe enthäuten und entgräten. Die Zwiebeln in Ringe schneiden. Eine Kasserolle oder Auflaufform ausbuttern. Nacheinander Kartoffelscheiben, Zwiebelringe, Heringe, Fleisch, erneut Kartoffeln und Zwiebeln hineinschichten. Den Wein darüber gießen, das Gericht mit Butterflocken bedecken und mit Paniermehl bestreuen. Zuletzt den Käse darüber reiben. Die Kasserolle ohne Deckel in den Ofen stellen und bei mittlerer Hitze etwa 60 Min. garen. Wenn die Kruste zu braun wird, mit Butterbrotpapier abdecken. Bei Bedarf weiteres Wasser oder Wein angießen.

Ganz ähnlich funktioniert der *Sillilaatikko*. Hierbei wird kein Schweinefleisch und statt grünem gesalzener Hering oder Anchovis verwendet.

Sillilaatikko

Finnland: Kartoffeltopf mit Anchovis

500 g Kartoffeln
3 Anchovis oder andere Salzheringe
2 Zwiebeln
50 g Butter
Pfeffer und Salz
3 Eier
1 Tasse Milch
100 g Paniermehl

Die Kartoffeln kochen, abgießen, schälen und in dünne Scheiben schneiden. Die Anchovis wässern, enthäuten, entgräten und längs in Streifen schneiden. Die Zwiebeln in halbe Ringe schneiden.
Eine Auflaufform gut mit Butter ausstreichen. Nacheinander Kartoffelscheiben, einige Anchovisstreifen, Zwiebelringe, Kartoffeln, Anchovis, Zwiebeln und erneut Kartoffelscheiben hineinschichten. Salzen und pfeffern. Die Eier verquirlen und mit der Milch darüber geben – nach Belieben die Hälfte der Milch durch Sahne ersetzen. Das Gericht mit Paniermehl bestreuen und im auf 180° C vorgeheizten Ofen 30-40 Min. garen. Die Oberfläche zwischenzeitlich mit Butterbrotpapier abdecken.
Diese Mahlzeit ist auch unter dem Namen ›Janssons Versuchung‹ weltbekannt. Und Jansson bevorzugt dazu Bier und Schnaps.

Dorschfilet mit Pilzen
Skandinavien/Insel Saaremaa

800 g Dorschfilet
Salz
1 Zitrone (Saft)
2 TL Senf
300 g Steinpilze
3 Tomaten
Öl
1 grob gehackte Gemüsezwiebel
Weißwein
2 Tassen Brühe
½ EL Mehl
½ altes Brötchen
100 g Hartkäse
100 g Butter

Die Fischfilets leicht salzen, mit Zitronensaft beträufeln, dünn mit Senf bestreichen und kurz ziehen lassen. Die Pilze putzen und in Scheiben oder nicht zu kleine Stücke schneiden. Die Tomaten ebenfalls in Scheiben schneiden.
Den Boden einer Kasserolle mit Öl einstreichen. Nacheinander Pilze, Zwiebel, Fisch und Tomaten hineinschichten. Mit etwas Wein und 1 Tasse Brühe angießen. 30 Min. köcheln.
Wenig Mehl mit der restlichen Brühe verrühren und in die Form geben. Brötchen und Käse über das Gericht reiben, mit Butterflöckchen garnieren. Das Gericht bei mittlerer Hitze ohne Deckel nochmals etwa 10 Min. ziehen lassen.

Soljanka mjasnaja
Russland: Soljanka aus Fleisch

Soljanka gibt es in so vielen Variationen, wie es Herde in Russland gibt. Das nachfolgende Rezept ist eine der einfachen Varianten. Statt Weißkohl kann auch Sauerkraut verwendet werden, dann allerdings lässt man den Essig weg.

>400 g Rinder- oder Schweinefleisch
>1 kg Weißkohl
>2-3 Salzgurken
>2-3 EL Butter
>3 gehackte Zwiebeln
>3 EL Tomatenmark
>2 EL Weinessig
>1 Prise Zucker
>Pfeffer und Salz
>1 Lorbeerblatt
>1 EL Weizenmehl
>gehackte Schnittpetersilie
>Oliven
>Preiselbeeren

In einem tiefen Topf das Fleisch mit Wasser bedecken und garen. Den Kohl nicht zu grob hacken, die Gurken in Scheiben schneiden.
Das gegarte Fleisch herausnehmen, in mundgerechte Stücke zerteilen und zur Seite legen; auch die Brühe aufbewahren. 1 EL Butter im Topf zerlassen, den Kohl zugeben und kurz schwenken. 1-2 Kellen Fleischbrühe angießen und alles zugedeckt 40 Min. köcheln.
2 Zwiebeln rösten und mit Tomatenmark, Essig, Zucker, Pfeffer, Salz und Lorbeerblatt in den Topf geben, den Kohl weitere 10 Min. kochen. Die restliche Butter zerlassen und die dritte Zwiebel darin glasig werden lassen. Das Mehl einrühren, bis eine cremige Masse entsteht. Die Mehlschwitze mit dem Fleisch in den Topf geben und weiter kochen. Dann die Gurken beifügen und alles mit Brühe aufgießen – das Gericht soll in dieser Version nicht allzu flüssig sein. Noch einmal 5 Min. kochen.
Mit Petersilie, Oliven und Preiselbeeren dekoriert servieren. Dazu ist ein möglichst kräftiges Graubrot unerlässlich.

Borschtsch
Russland: Ein Suppen-Eintopf

2 Rote Bete
4 Markknochen
etwas Kleinfleisch vom Rind
400 g Rindfleisch (Brust und hohe Rippe)
1 Zitrone (Saft)
¼ Wirsing
¼ Sellerieknolle
2 Möhren
2 Teltower Rübchen
2 Petersilienwurzeln
2 Kartoffeln
Pfeffer und Salz
50 g Butter
2 gehackte Zwiebeln
gehackter frischer Liebstöckel
gehackter frischer Kerbel
gehackte Schnittpetersilie
½ EL Zucker
nach Geschmack: ¼ l saure Sahne

Die Roten Bete ungeschält in einem alten Topf (er färbt sich dunkel) mit 1 l kochendem Wasser übergießen und bei mittlerer Hitze etwa 60 Min. garen.
In einer Kasserolle aus Markknochen und Kleinfleisch eine Brühe kochen. Brust und hohe Rippe hineinlegen und gar, aber nicht zu weich kochen. Herausnehmen und in mundgerechte Würfel schneiden. Die Markknochen aus der Brühe entfernen.
Die Roten Bete im Kochwasser abkühlen lassen und grob raspeln. Die Raspel in einem Haarsieb oder Tuch ausdrücken, den Saft auffangen und mit einigen Tropfen Zitronensaft ansäuern.
Sämtliche Gemüse in Streifen und Würfel schneiden. Die Kartoffeln schälen, in der Brühe kochen und zerstampfen. Wirsing und Sellerie hinzugeben, mit Salz und Pfeffer würzen.

Im Deckel der Kasserolle oder einer Pfanne Butter zerlassen, Rote Bete, Möhren, Rübchen, Petersilienwurzeln und Zwiebeln darin andünsten und in die Kasserolle geben. Sobald das Gemüse gar ist, die Fleischstücke hineingeben und umrühren. Wenn nötig, wenig Wasser nachgießen. Kräuter, Zucker und Rote-Bete-Saft hinzufügen, eventuell nachsalzen. Noch einmal kurz aufkochen, vom Herd nehmen und zugedeckt mindestens 15 Min. ziehen lassen.

Serviert wird der Borschtsch – gegebenenfalls kurz aufgewärmt – mit 1 EL saurer Sahne im Teller.

Das Gericht lässt sich sehr gut vorkochen, denn mit jeder Stunde Ruhezeit wird es besser.

Bigos
Polen: Ein reichhaltiges Nationalgericht

Der *Bigos* schmeckt in jeder Zubereitungsart gut, doch erst durch mehrmaliges Aufwärmen entfaltet er seinen ganzen geschmacklichen Reichtum. Bei vorausschauender Planung und genügend Selbstdisziplin ist es möglich, die Zubereitung über drei Tage zu strecken.

500 g Schweinefleisch
150 g geräucherter Bauchspeck
400 g Weißkohl
400 g Sauerkraut
1 Apfel
100 g Schweineschmalz
1 gehackte Gemüsezwiebel
125 g Knoblauchwurst
2 Knoblauchzehen
1 kleine Dose Tomatenmark
2 Lorbeerblätter
1 TL Kümmel
Majoran
2 TL Rosenpaprika
½ l Weißwein
5 Kartoffeln
125 g Mischpilze oder Champignons
½ TL weißer Pfeffer
Salz
saure Sahne

1. Tag: Das Fleisch mundgerecht zerteilen, den Speck grob würfeln. Den Weißkohl grob hacken, das Sauerkraut auseinander zupfen, den Apfel in Würfel schneiden.
In einem großen Topf Schmalz erhitzen, Speck und Zwiebel darin anbraten. Fleisch und Apfel zugeben und ebenfalls anbraten. Weißkohl und Sauerkraut beifügen, alles mit Wasser bedecken. Zugedeckt aufkochen und 30 Min. köcheln.

2. Tag: Die Wurst in Scheiben schneiden und mit zerdrücktem Knoblauch, Tomatenmark, Lorbeerblättern, Kümmel, Majoran und Rosenpaprika hinzufügen, bei Bedarf wenig Wein und Wasser angießen. Erneut zugedeckt aufkochen und 20 Min. köcheln.
3. Tag: Die Kartoffeln schälen und würfeln. Mit Pilzen, Pfeffer und Salz unter die anderen Zutaten heben und knapp mit dem restlichen Wein und eventuell Wasser bedecken. Den Eintopf im vorgeheizten Ofen zugedeckt etwa 30 Min. fertig garen ohne umzurühren.

Dazu verrührte saure Sahne, ein kräftiges, dunkles Bauernbrot, Bier und danach einen sanften Klaren servieren.

Kopenhagener Erbseneintopf
Dänemark

500 g Schälerbsen
500 g Kartoffeln
5-6 Möhren
½ Sellerieknolle
1 Stange Porree
250 g Bacon (dänischer Frühstücksspeck)
3 gehackte Zwiebeln
3 gepökelte Gänsekeulen
1 Lorbeerblatt
weißer Pfeffer
Salz
1 TL geriebener Ingwer
schwarzer Pfeffer
1 Zitrone (Saft)
gehackte Schnittpetersilie

Ungeschälte Trockenerbsen über Nacht einweichen, vorgeschälte lediglich waschen. Die Kartoffeln schälen und würfeln, die Gemüse klein schneiden.
Den Bacon quer in Streifen schneiden, im Bräter auslassen und die Zwiebeln darin hellgelb anbraten. Gänsekeulen sowie Erbsen zugeben und knapp mit Wasser bedecken. Gemüse, Kartoffeln, Lorbeerblatt, weißen Pfeffer und Salz hinzugeben, aufkochen und bei nicht zu starker Hitze garen, bis die Kartoffeln sehr weich werden und das Gänsefleisch vom Knochen fällt. Während des Kochens den Ingwer beifügen. Die Keulen herausnehmen, das Fleisch in Portionsstücke teilen und wieder in den Bräter geben. Vor dem Auftragen etwas schwarzen Pfeffer und Zitronensaft unterrühren – beides gibt dem Eintopf eine frische, fruchtige Note; auch beim Aufwärmen eines Erbseneintopfes hilft es, die typische leichte Dumpfheit des nachgequollenen Gerichtes zu kompensieren. Zuletzt mit Petersilie bestreuen.
Typisch ist dazu geröstetes Weißbrot, doch ein helles, leicht saures Graubrot passt auch und lässt sich ebenfalls ein wenig toasten.

Labskaus
Deutschland: Ein altes Seemannsgericht

Labskaus wird an jedem Herd beziehungsweise auf jedem Schiff anders zubereitet. Die vorgestellte Version mit gepökelter Rinderbrust stellt eine gutbürgerlich-romantische Landrattenvariante dar, zu der oftmals noch gehackte Salzheringe oder Matjes und ein Spiegelei gehören. Im harten Kombüsenalltag auf See gelten nur die einfachen Arten unter Verwendung von Corned Beef; das Rezept beginnt in diesem Fall mit dem Anbraten der Zwiebeln und des Specks. Reste von fisch- und eifreien Varianten lassen sich in den Folgetagen zu anderen Eintöpfen geben oder auch als Grundlage für Nudel- und Reisgerichte verwenden.

500 g gepökelte Rinderbrust
1 kg Kartoffeln (mehlig kochend)
500 g Zwiebeln
2 Salzgurken
1 rote Rübe
150 g geräucherter Bauchspeck
2 Lorbeerblätter
Öl
schwarzer Pfeffer
Salz
1 Prise Gewürznelkenpulver
1 TL Senf

Die Kartoffeln schälen und würfeln. 1 Zwiebel in Ringe schneiden, den Rest grob hacken. Die Gurken würfeln, die rote Rübe raspeln. Den Speck ebenfalls würfeln.
In einem Topf mit Salzwasser die Rinderbrust mit Zwiebelringen und Lorbeerblättern sehr weich kochen. Herausnehmen und klein schneiden, die Brühe zur Seite stellen. Nun etwas Öl in dem Topf erhitzen und die restlichen Zwiebeln mit dem Speck nicht zu braun dünsten. Die Brühe zugießen und die Kartoffeln darin garen. Dabei gelegentlich umrühren, bei Bedarf etwas Flüssigkeit zugießen.

Zuletzt die Kartoffeln mit einem Stampfer grob pürieren und das Fleisch unterheben, eventuell wenig Brühe oder Wasser einrühren. Gurken und rote Rübe beifügen, mit Pfeffer, Salz, Nelken und Senf abschmecken.

Steckrüben
Norddeutschland

1 Steckrübe (etwa 2 kg)
1 kg Schweinefleisch (Vorderpfoten, Kopf, Rippchen)
1½ kg Kartoffeln
1 Stange Porree
2 Möhren
¼ Sellerieknolle
¼ TL geriebene Muskatnuss
1 TL gerebelter Majoran
½ TL Kümmel
Salz
¼ l Sahne

Das Fleisch in Salzwasser aufsetzen und je nach Größe der Teile 40-60 Min. kochen.
Die Steckrübe putzen und in Würfel schneiden. Die Kartoffeln schälen und halbieren. Porree und Möhren in Scheiben schneiden. Den Sellerie würfeln.
Nach der Hälfte der Kochzeit die Kartoffeln zum Fleisch geben und mitkochen; wenn sie gar sind, herausnehmen. Steckrüben, Gemüse und Gewürze zugeben und weitere 60 Min. garen.
Das Fleisch herausnehmen. Wenn noch zu viel Flüssigkeit im Topf ist, etwas abschöpfen. Die Kartoffeln zum Gemüse geben und alles miteinander grob durchstampfen. Die Sahne unterrühren.
Eintopf und Fleisch werden separat serviert.
In Friesland gibt man diese Menge als ausreichend für vier Personen an. Doch seien die zarteren Genießer beruhigt: Das Gericht schmeckt auch aufgewärmt sehr gut.

Jan im Sack
Deutschland: Ein einfacher Mittagstopf

2 Tassen Graupen oder Reis
1 Hand voll Backpflaumen
1 Hand voll Rosinen
Salz
150-200 g Butter
Zucker
1 Zimtstange

Graupen mit Pflaumen und Rosinen vermischen. In einen Leinensack füllen oder ein Leinentuch einschlagen, das mit genügend Platz zum Quellen zugebunden wird. Den Sack im Salzwasserbad gut 30 Min. garen.
Mit leicht gebräunter Butter, Zucker und Zimt servieren.

Das Eintopfjahr

Das Empfinden für die ›richtige‹ Jahreszeit vieler ehemals nur zeitlich eingeschränkt lieferbarer Zutaten ist heutzutage den meisten Menschen, die nicht beruflich oder von Hause aus mit dem Thema zu tun haben, abhanden gekommen. Das ist auch verständlich, denn warum soll man sich mit der Endiviensaison beschäftigen, wenn das Gros der in der Küche benötigten Waren und Produkte jederzeit und überall problemlos zu haben ist – seien es auch Import- und Treibhauserzeugnisse. Diese sollen hier keinesfalls in ihrem Wert generell herabgesetzt werden, doch halten wir vorliegende Saisonliste dennoch für interessant, lässt sich an ihr doch ablesen, warum manche Eintöpfe ihre traditionellen Auftritte zu bestimmten Zeiträumen haben. Und zumindest die Imagination der ›richtigen‹ Jahreszeit gehört auf gewisse Weise zum umfassenden Genuss eines Gerichts.

Die Angaben beruhen auf Durchschnittswerten, sie können nicht nur von Jahr zu Jahr verschieden sein, sondern auch durch unterschiedliche Sorten, Anbaumethoden und regionale Unterschiede variieren. Fische und Obstsorten sowie Kräuter und Gewürze wurden nicht aufgenommen. Unter den Gemüsesorten sind hingegen einige, die namentlich nicht in dieser Rezeptsammlung auftauchen. Es hätte keinen Sinn ergeben, sie fortzulassen.

Wild und Wildgeflügel

	Jan	Feb	Mär	Apr	Mai	Jun	Jul	Aug	Sep	Okt	Nov	Dez
Reh	■	■			■	■	■	■	■	■	■	■
Hirsch	■	■						■	■	■	■	■
Wildschwein	■							■	■	■	■	■
Hase	■									■	■	■
Kaninchen									■	■	■	■
Fasan	■	■						■	■	■	■	■
Reb- und Perlhuhn	■	■								■	■	■
Wildente	■	■					■	■	■	■	■	■

Gemüse

	Jan	Feb	Mär	Apr	Mai	Jun	Jul	Aug	Sep	Okt	Nov	Dez
Auberginen							●	●	●	●		
Blumenkohl				●	●	●	●	●	●	●		
Bohnen, grün						●	●	●	●	●		
Chicorée	●	●	●	●								●
Endivien							●	●	●	●	●	●
Erbsen, grün					●	●	●					
Fenchel						●	●	●	●	●		
Grünkohl	●	●	●							●	●	
Gurken						●	●	●	●	●		
Hülsenfrüchte	●	●	●									
Kohlrabi					●	●	●	●	●	●		
Kürbis									●	●	●	
Mais							●	●	●			
Melonen						●	●	●	●			
Paprika							●	●	●			
Pastinaken	●	●	●								●	●
Petersilie					●	●	●					
Radieschen					●	●	●	●	●			
Rhabarber				●	●							
Rote Beete	●	●	●	●				●	●	●	●	●
Rote Rüben							●	●	●	●	●	●
Rotkohl	●	●	●				●	●	●	●	●	●
Schwarzwurzeln	●	●	●							●	●	●
Sellerie (Knolle)	●	●	●				●	●	●	●	●	●
Spargel				●	●	●						
Spinat				●	●	●	●	●	●	●	●	
Steckrüben	●	●	●							●	●	●
Teltower Rübchen	●	●								●	●	●
Tomaten						●	●	●	●	●		
Topinambur	●	●									●	●
Weißkohl	●	●	●	●			●	●	●	●	●	●
Wirsing	●	●					●	●	●	●	●	●
Zucchini						●	●	●	●	●		
Kartoffeln, Möhren, Knoblauch, Zwiebeln und Porree	●	●	●	●	●	●	●	●	●	●	●	●

Sonstiges

	Jan	Feb	Mär	Apr	Mai	Jun	Jul	Aug	Sep	Okt	Nov	Dez
Feldsalat	●	●	●							●	●	●
Kopfsalat				●	●	●	●	●	●			
Datteln und Feigen	●	●	●							●	●	●
Hasel- und Walnüsse	●	●	●							●	●	●
Maronen										●	●	●
Orangen	●	●	●							●	●	●
Pilze							●	●	●	●		

Glossar

Anchovis
Sardellenart. Sie sind bei uns hauptsächlich in Salz und Öl eingelegt bekannt. In der asiatischen Küche verkocht man die kleinen Fische auch getrocknet, in der mediterranen gelten sie frisch gebraten als Vorspeise.

Bambus(-sprossen)*
Bestandteil vieler asiatischer Gerichte. Sie schmecken mild und süßlich, sind aber hier meist nur eingelegt zu erhalten.

Batate
→ Süßkartoffel

Bonito
Eine Thunfischart. In Japan sind getrocknete Bonitoflocken* die Basis für die häufig verwendete Dashi, eine Fischbrühe.

Burghul
Gekochter, gerösteter und anschließend geschroteter Weizen. Auch unter der Bezeichnung Bulgur bekannt.

Dashi
Japanische Fischbrühe. Als Instantbrühe erhältlich.

Erdartischocke
→ Topinambur

Fasan
Dieses durch sein prächtiges Gefieder auffällige Wildgeflügel hat einen intensiven Moschusgeschmack und kann darin nicht durch andere Wildgeflügel ersetzt werden. Dennoch lassen sich Gerichte wie der georgische *Fazan po-gruzinski* durchaus auch mit beispielsweise Reb- oder Perlhuhn zubereiten. Das Ergebnis ist nicht dasselbe, aber ebenfalls sehr gut.

Fischsauce (asiatische)*
Wird aus fermentierten, gesalzenen Sardellen oder Makrelen gewonnen. Es gibt sie in vielen Varianten, je nach Region. Die bekanntesten sind wohl die thailändische »nam pla« und die vietnamesische »nuoc mam«.

Galgant*
Eine vorwiegend in der indonesischen und malaysischen Küche verwendete Wurzel. Er ist dem Ingwer recht ähnlich, jedoch nicht so aromatisch wie dieser.

Ghee
→ Usli Ghee

Ingwer
Die frische Ingwerwurzel ist eine Grundzutat der asiatischen Küche, gerieben oder in ganzen Scheiben. Sie ist scharf, hat ein frisches, zitroniges Aroma und kann keinesfalls durch getrockneten Ingwer ersetzt werden.

Kombu*
Eine Algenart, die hauptsächlich in Japan als Grundlage für Brühen genutzt wird. Kombu ist in dünnen rechteckigen Platten erhältlich. Man darf es nur abreiben, also nicht waschen, da sonst zu viele Geschmacks- und Inhaltsstoffe ausgeschwemmt würden.

Konnyaku*
Gelatineartiges Pflanzenprodukt aus Asien, welches vor der Verwendung vorgekocht und in kleine Stücke geschnitten wird.

Korianderblätter*
Nicht zu verwechseln mit gemahlenen Koriandersamen, werden in der asiatischen Küche verwendet wie Petersilie in der mediterranen. Unser Gaumen muss sich an diesen eigentümlichen Geschmack aber oft erst gewöhnen; bis dahin kann man sie gegen Blattpetersilie austauschen.

Kreuzkümmel, Cumin oder Kumin
Etwas heller als der bei uns bekannte Kümmel und ganz anders im Geschmack. Er ist vor allem aus der indischen, arabischen, osteuropäischen und mexikanischen Küche nicht wegzudenken.

Kurkuma oder Gelbwurz*
Wird als Pulver verwendet, es färbt leuchtend orange-gelb und hat ein sehr dezentes Aroma.

Lichtnuss oder Kandelnuss*
Wird in der asiatischen Küche für ein besonders feines Aroma zugefügt. Sie ist roh ungenießbar und wird oft in Marinaden gerieben.

Mirin*
Gesüßter, japanischer Reiswein, der eher zum Kochen benutzt als getrunken wird.

Miso*
Sehr salzige, fermentierte Sojabohnenpaste. Grundlegender Bestandteil der japanischen Küche, als Basis für Suppen oder Würzmittel.

Pak-choy*
Chinesischer Senfkohl, dem Mangold ähnlich. Essbar sind sowohl die Stiele als auch die Blätter.

Palmzucker*
Wie schon der Name sagt: ein Zucker aus bestimmten Palmenarten. Er ist dem Rohzucker ähnlich.

Pastinake
Der Petersilie verwandtes Wurzelgemüse.

Perlhuhn
Aus Afrika stammendes Wildgeflügel mit feinem, mildem Geschmack, der an ein Junghuhn erinnert.

Pflanzenöl
Zum Kochen und Braten eignen sich am besten Raps-, Soja-, Maiskeim-, Oliven- und Sonnenblumenöl. Nicht raffinierte Öle sind zwar teurer und werden schneller ranzig, haben jedoch ein wesentlich besseres Aroma und sind ernährungsphysiologisch viel wertvoller.

Sake*
Das japanische Nationalgetränk wird aus fermentiertem Reis hergestellt. Sake gehört in viele Saucen und Marinaden und wird heiß oder kalt getrunken.

Sansho*
Japanisches Gewürz aus Eschensamen mit sehr eigentümlichem Geschmack.

Schnittpetersilie
Petersilienart mit großen glatten Blättern. Sie hat ein feineres Aroma als die krause, dekorativere Schwester und wird in fast allen Ländern zum Kochen bevorzugt.

Shichimi togarashi*
Scharfes japanisches Pulver aus sieben Gewürzen.

Süßkartoffel oder Batate
Lachsfarbene, nicht mit Kartoffeln verwandte Knolle. Bataten schmecken jedoch kartoffelähnlich und werden auch genauso zubereitet.

Surströmming
Schwedische Spezialität: Heringe ohne Kopf, doch mit Innereien, die in einer starken Salzlake in Holzfässern in einen Faulprozess versetzt werden und anschließend in Dosen weiterreifen. Berüchtigt für einen infernalischen Geruch.

Tempeh*
Wird aus fermentierten Sojabohnen gewonnen und hat einen strengeren Geschmack als Tofu, der an Hefe erinnert. Er kann nur gekocht verzehrt werden.

Tofu*
Eine Art Sojabohnenquark, kann roh oder gekocht gegessen werden und ist in der asiatischen Küche recht häufig zu finden. Tofu und Tempeh gelten dort keineswegs als ›Fleischersatz‹, sondern werden geschätzt, weil sie die Aromen anderer Zutaten sehr gut annehmen.

Topinambur oder Erdartischocke
Knollengemüse. Vor der Einführung der Kartoffel war die Topinambur in Europa ein Grundnahrungsmittel und ist auch ähnlich wie diese zuzubereiten.

Usli Ghee*
Indisch für ›geklärte Butter‹, hier auch als Butterschmalz (und Kochbutter) bekannt. Es eignet sich gut zum heißen Anbraten, da die nicht hitzebeständigen Butterbestandteile durch Sieden abgeschieden wurden.

Yams
Die Yamswurzel ist ein Knollengemüse, das ähnlich wie Kartoffeln schmeckt und zubereitet wird. Es gehört in Südamerika und auf den Antillen zu den Grundnahrungsmitteln.

Yamsbohne
Die Yamsbohne ist weiß bis gelb, hat ein saftig-knackiges, süßliches Fruchtfleisch und eine ungenießbare Schale. Sie kann roh und gekocht gegessen werden.

Zitronengras*
Hat ein sanftes, zitroniges Aroma und ist besonders in der südostasiatischen Küche häufig zu finden. Da es sehr hart ist, wird meist nur der untere, weichere Teil (10-15 cm) in feine Streifen geschnitten zum Auskochen verwendet.

* Die mit einem Stern gekennzeichneten Zutaten sind in fast allen Asienläden erhältlich. Möglicherweise sind sie auch in Bioläden oder sogar in Supermärkten zu finden.

Rezeptregister

137 Älggryta med trattkantareller, Schweden
113 Anguila al curry, Chile
119 Arroz con Pollo, Mexiko/Texas
66 Avgolemono, Griechenland
96 Bakmie goreng und Nasi goreng, Indonesien
123 Barley Casserole, Nordamerika
144 Bigos, Polen
27 Biräschtunggis, Schweiz
142 Borschtsch, Russland
127 Boston Baked Beans, Nordamerika
30 Bouillabaisse, Frankreich
116 Carbonada Criolla, Südamerika
112 Cazuela de Vaca, Chile
64 Cazzuola, Italien
87 Chamin, Persien
120 Chili con Carne, Mexiko
126 Chop Suey, Nordamerika
124 Chowder, Nordamerika
67 Couscous à l'agneau et aux legumes, Mauretanien
55 Djuvetch, Balkan
70 Dolma, Türkei
140 Dorschfilet mit Pilzen, Skandinavien/Insel Saaremaa
58 Édeskàposita fözelék, Ungarn
43 Endiviestampott, Niederlande
82 Esaus Linsengericht, Israel
86 Fazan po-gruzinski
25 Gestuvte Linsen, Deutschland
56 Grah, Balkan
42 Hutspot, Niederlande
72 Imam bayıldı, Türkei (»Der Imam fiel in Ohnmacht«)
91 Ingwer-Huhn-Nudelsuppe, China
37 Irish Stew, Irland
121 Jambalaya, Nordamerika

149 Jan im Sack, Deutschland
102 Japanischer Lachstopf
138 Kalalaatikko, Finnland
 57 Kàposita friss Paradicsommal, Ungarn
 29 Kastanieneintopf, Schweiz
 41 Kedgeree, England
122 Kentucky Burgoo, Nordamerika
146 Kopenhagener Erbseneintopf, Dänemark
 71 Kuru fasulye, Türkei
147 Labskaus, Deutschland
 81 Makluba, Palästina
118 Mexikanischer Zimmes
 69 Mpiho, Ghana
 61 Österreichischer Fischeintopf
 62 Pasta e Lenticchie, Italien
 34 Patatas meneadas, Spanien
115 Peixe à Brasileira, Brasilien
 99 Pho, Vietnam
 23 Pichelsteiner Topf, Deutschland
 94 Poo won sen, Thailand
 65 Psito, Griechenland
114 Puchero Argentina, Argentinien
 35 Puchero Canario, Spanien
 90 Rasedar, Indien
 28 Ratatouille, Frankreich
 63 Risotto con l'Anguilla, Italien
 38 Rumbledethumps, Schottland
117 Sancocho de Pollo, Panama
 24 Schlodderkappes, Deutschland
 26 Schnitzen, Frankreich
 39 Scotch Hotchpotch, Schottland
 92 Sha bao fan, China
139 Sillilaatikko, Finnland
140 Soljanka mjasnaja, Russland
 98 Steamboat, Singapur
148 Steckrüben, Deutschland

- 60 Steirisches Schöpsernes, Österreich
- 40 Stovies, England
- 101 Sukiyaki, Japan
- 59 Szegedin Gołaż, Ungarn
- 83 Tabula (mit Brot), Palästina
- 89 Tari Aloo, Indien
- 85 Tschanachi, Georgien
- 36 Tscholent mit Kloß und Pflaumen, Portugal
- 52 Tscholent mit Kneidl, Osteuropa
- 84 Tschumak-Haschee, Ukraine
- 32 Wildschweinragout, Nordfrankreich
- 54 Zimmes mit Rosinen und Pflaumen, Osteuropa